La gestion des ressources humaines

Les Éditions Transcontinental
1100, boul. René-Lévesque Ouest
24ᵉ étage
Montréal (Québec) H3B 4X9
Tél. : (514) 392-9000
        (800) 361-5479

Les Éditions de la Fondation
de l'entrepreneurship
160, 76ᵉ Rue Est
Bureau 250
Charlesbourg (Québec) G1H 7H6
Tél. : (418) 646-1994
        (800) 661-2160
Internet : www.entrepreneurship.qc.ca

La collection *Entreprendre* est une initiative conjointe des Éditions de la Fondation de l'entrepreneurship et des Éditions Transcontinental afin de répondre aux besoins des futurs et des nouveaux entrepreneurs.

Rédaction : Alain Samson
Conception : Gaston Drolet
Contribution : Robert Larivière, Jacques Côté
Mise en pages : Société-conseil Alain Samson
Conception graphique de la page couverture : Studio Andrée Robillard
Impression : Imprimeries Transcontinental inc. (Interglobe, Beauceville)

Dépôt légal — 1ᵉʳ trimestre 1999
Bibliothèque nationale du Québec
Bibliothèque nationale du Canada

ISBN 2-921681-83-8 (Les Éditions de la Fondation de l'entrepreneurship)
ISBN 2-89472-082-3 (Les Éditions Transcontinental)

Les Éditions Transcontinental remercient le ministère du Patrimoine canadien et la Société de développement des entreprises culturelles du Québec d'appuyer leur programme d'édition.

 papier recyclé

Préface

Le ministère de l'Industrie et du Commerce (MIC) soutient, par sa Direction de l'entrepreneurship et de la gestion d'entreprises (DEGE), les efforts des nouveaux entrepreneurs, car se lancer en affaires constitue un véritable défi et les premières années demeurent critiques pour la survie de l'entreprise. Pour ce faire, le Ministère a conçu et réalisé une série de 17 guides de gestion pour les aider à améliorer la qualité de leur gestion et à prendre de meilleures décisions.

Le Ministère s'est associé à des partenaires, soit la Fondation de l'entrepreneurship, la Banque Royale et les Éditions Transcontinental, pour vous offrir ces outils de gestion adaptés à la réalité vécue par les nouveaux entrepreneurs.

Devant la mondialisation de l'économie et la forte concurrence qui en découle, je suis persuadé que ces guides vous aideront à accroître la compétitivité de votre entreprise.

Guy Julien
Ministre délégué à l'Industrie et au Commerce

Remerciements

Nombreuses sont les personnes qui ont contribué à la publication de cette série de guides de gestion. L'empreinte de leur expertise se reflète dans le présent document et dans l'ensemble du projet.

Coordination

Louis Faucher, conseiller à la Direction de l'entrepreneurship et de la gestion des entreprises (DEGE) du ministère de l'Industrie et du Commerce, est le coordonnateur du projet et de la mise en œuvre des guides. Il est assisté de Jacques Villeneuve, conseiller à la DEGE ainsi que de Kim Lafleur, conseiller à la DEGE et coordonnateur ministériel du dossier *Entrepreneurship*. Monsieur Lafleur a eu l'idée originale de ce projet et a participé à sa mise en œuvre.

Conception

La conception du guide *La gestion des ressources humaines* a été rendue possible grâce à l'expertise de Gaston Drolet, de la DEGE du ministère de l'Industrie et du Commerce. Il faut également souligner la précieuse collaboration de Robert Larivière, Nova Chimie et Jacques Côté, conseillers en gestion. Leur connaissance des préoccupations et des besoins en gestion des jeunes entreprises a été un atout précieux dans l'élaboration du contenu de ce guide.

Collaboration

Louise Bureau, secrétaire à la DEGE
Pierre Chantelois, conseiller à la DEGE
Gérald Dame, conseiller à la Direction des marchés intérieurs
André Deblois, coordonnateur d'activités de formation à la Fondation de l'entrepreneurship
Germain Desbiens, président-directeur général de la Fondation de l'entrepreneurship
Gaston Drolet, conseiller à la DEGE
Yves Dugal, conseiller à la DEGE
Patrice Gagnon, directeur général de l'ASAJEQ
Ruth Larouche, conseillère à la Direction régionale de Montréal
Jacqueline Rousseau, technicienne à la DEGE

Comité de lecture

Les commentaires et suggestions de nombreux conseillers des SAJE (Association des Services d'aide aux jeunes entrepreneurs du Québec, ASAJEQ) furent très appréciés quant au contenu professionnel des guides de gestion. Leur collaboration ainsi que celle de nombreux dirigeants d'entreprises contactés ont permis de rapprocher les outils de gestion développés et les besoins essentiels des jeunes entreprises.

Avant-propos

Cet ouvrage fait partie intégrante d'une série de guides de gestion destinés à améliorer la performance des jeunes entreprises par l'autoformation à de sains principes de gestion. L'ouvrage est à l'image de l'entrepreneur d'aujourd'hui, le style est concis et la formulation, facile d'approche.

Conçu pour aider les dirigeants de PME et les consultants en gestion, cet outil contient des informations essentielles ainsi que des conseils pratiques appuyés par des exemples concrets d'application. Les entreprises ciblées se retrouvent dans tous les secteurs d'activité, et elles ont moins de cinq années d'existence, cette période étant considérée comme critique pour leur survie.

La Direction de l'entrepreneurship et de la gestion d'entreprises du ministère de l'Industrie et du Commerce est à l'origine de cette collection. Elle est le fruit de recherches, de lectures et d'expériences professionnelles des différents auteurs et rédacteurs. De plus, cet outil de gestion répond bien aux attentes des dirigeants et intervenants qui ont validé le contenu de chacun des guides.

Louis Faucher
Conseiller en gestion
Coordonnateur du projet

Gouvernement du Québec
Ministère de l'Industrie et du Commerce
Direction de l'entrepreneurship et de la gestion d'entreprises

La Fondation de l'entrepreneurship

Mise sur pied en 1980, la Fondation de l'entrepreneurship est un organisme québécois sans but lucratif dont la mission s'énonce comme suit : « Identifier, libérer et développer le potentiel entrepreneurial des personnes et créer les conditions favorables au plein épanouissement de cet immense potentiel. »

Ainsi, pour aider les personnes à lancer et à gérer leur entreprise, la Fondation a créé Les Éditions de la Fondation de l'entrepreneurship, qui éditent et diffusent du matériel de sensibilisation, de formation et d'information spécialisé sur l'entrepreneurship. En plus de tous les titres de la collection *Entreprendre*, les Éditions de la Fondation de l'entrepreneurship ont élaboré des questionnaires d'évaluation du potentiel entrepreneurial, des vidéogrammes et un coffret d'audiocassettes portant sur le marketing.

Outre l'édition, le registre des actions de la Fondation de l'entrepreneurship est des plus étendus : colloque annuel, site Internet, projet de parrainage d'entrepreneurs, support financier à des activités de promotion, sensibilisation des décideurs publics et privés, sans oublier l'Institut d'entrepreneurship qui veille à ce que la formation en entrepreneurship occupe la place appropriée à tous les niveaux d'éducation au Québec, de la maternelle à l'université.

La Fondation de l'entrepreneurship s'acquitte de sa mission grâce au soutien financier d'organismes publics et privés. Elle rend un hommage particulier à ses trois partenaires :

• Hydro-Québec

• Caisse de dépôt et placement du Québec

• Mouvement des caisses Desjardins

Elle remercie également ses gouverneurs : Bell, l'Union des municipalités régionales de comté du Québec, le Centre de développement économique et urbain de la ville de Québec, le Fonds de solidarité des travailleurs du Québec (FTQ), la Société québécoise de développement de la main-d'œuvre, Télésystème National ltée, Martin International, le Service du développement économique de la Ville de Montréal, le Réseau des femmes d'affaires du Québec inc. et le Groupe Innovation International.

Si le feu est pris...

Les propriétaires de jeunes entreprises ont rarement le temps de se tourner les pouces et ne sont pas nécessairement prêts à lire tout un guide pour répondre à une question précise. Nous comprenons que vous soyez pressé.

Si vous n'avez pas le temps de lire l'ensemble de ce guide de gestion, répondez aux questions suivantes et consultez les réponses à la page 2. On vous y indiquera immédiatement les numéros des pages qui vous concernent.

Vous pourrez entreprendre une lecture complète par la suite, quand le présent incendie aura été maîtrisé.

1. Un employé, c'est essentiellement un individu qui s'occupe des tâches que je n'ai pas le temps de faire.

Vrai ☐   Faux ☐

2. Il arrive que je donne des instructions à un employé et que celui-ci me semble avoir compris. Mais quand je vérifie un peu plus tard, je me rends compte que le travail n'a pas été fait comme prévu.

Vrai ☐   Faux ☐

3. J'ai un associé dans l'entreprise et comme nous n'avons pas déterminé qui était le « vrai grand patron », les employés nous considèrent tous les deux comme leurs supérieurs immédiats.

Vrai ☐   Faux ☐

4. À la base, les employés sont tous des paresseux et il n'y a que la paye qui les intéresse. C'est triste mais il faut composer avec cette réalité.

Vrai ☐   Faux ☐

5. Le rendement d'un employé est directement proportionnel à l'encadrement qu'on lui consacre. Laissez un employé libre et son rendement diminuera inévitablement.

Vrai ☐   Faux ☐

6. Je n'aime pas communiquer mes objectifs aux employés. De cette façon, si ces objectifs ne sont pas atteints, je ne passerai pas pour un raté à leurs yeux.

Vrai ☐   Faux ☐

7. Lorsqu'un employé me parle, il m'arrive souvent de reformuler ce qu'il vient de dire. Je m'assure ainsi de la clarté de notre communication.

Vrai ☐   Faux ☐

8. Il arrive régulièrement que des employés me dérangent parce qu'ils veulent savoir si un jour férié sera rémunéré ou non.

Vrai ☐   Faux ☐

9. J'ai l'habitude de planifier mes besoins en matière de main-d'œuvre. De cette façon, je n'ai pas à embaucher sous pression.

Vrai ☐   Faux ☐

10. Je n'engage que des employés compétents. De cette façon, ils sont efficaces dès la première heure de travail et je n'ai pas à perdre de temps à leur expliquer comment le travail doit être fait.

Vrai ☐   Faux ☐

Les réponses à ces questions se trouvent à la page 2.

«La gestion des ressources humaines» a été réalisé par la Société-conseil Alain Samson, pour le compte du ministère de l'Industrie et du Commerce.

Réponses aux questions

Vous êtes le patron!

Question 1

Si vous avez répondu «vrai» à cette question, votre vision de la gestion des ressources humaines est tronquée. Courez vite à la page 8 où vous apprendrez qu'un employé, c'est un individu unique, un puissant levier et un avantage concurrentiel pour votre entreprise.

Question 2

Si vous avez répondu «vrai» à cette question, vous ignorez peut-être que les mots ont plusieurs sens et qu'il vaut toujours mieux s'assurer d'avoir été bien compris. Allez consulter la page 10. Vous y lirez les quatre principes qui doivent être à la base de votre gestion des ressources humaines.

Question 3

Si vous avez répondu «vrai» à cette question, il vous sera difficile de garder des employés motivés. Pour bien comprendre cette problématique, passez tout de suite à la page 11.

Question 4

Si vous avez répondu «vrai», vous avez tout à fait raison. Mais le plus intéressant, c'est que si vous avez répondu «faux», vous avez également raison! Rendez-vous à la page 12 et apprenez qu'en matière de gestion des ressources humaines, on obtient généralement ce que l'on attend.

Question 5

Si vous avez répondu «vrai», allez immédiatement à la page 14. On y explique une toute nouvelle façon de concevoir le rendement de vos employés.

Question 6

Si vous avez répondu «vrai» à cette question, vous vous privez du formidable potentiel d'un partage de la vision. Passez à la page 15 et apprenez-en plus à ce sujet.

Question 7

Si vous avez répondu «faux» à cette question, il est temps d'apprendre à maîtriser l'écoute active et la reformulation. Passez vite à la page 17.

Question 8

Vos employés travaillent-ils à l'aveuglette? Sont-ils bien informés? Connaissent-ils bien leurs conditions de travail? Si vous avez répondu «vrai» à cette question, c'est probablement le cas. Rendez-vous aux pages 20 et 21 et découvrez les avantages de mettre au point des politiques claires et connues de tous.

Question 9

Si vous avez répondu «vrai» à cette question, bravo! Vous avez pris conscience des avantages de la planification en matière de main-d'œuvre. Par contre, si vous avez répondu «faux», passez à la page 26 et apprenez-en plus sur le plan annuel de l'effectif.

Question 10

Vous courez de grands risques si vous avez répondu «vrai» à cette question. Rendez-vous tout de suite aux pages 28 et 29 pour découvrir l'importance de bien accueillir les employés nouvellement embauchés et de bien leur expliquer le travail à effectuer.

Sans blague, vous n'êtes pas obligé de suivre à la lettre les indications de ce solutionnaire ni de lire ce guide de gestion en entier.

Vous pouvez choisir des pages au hasard. Chaque page a été conçue pour constituer un élément autonome.

Partez donc à la découverte de ce guide de gestion comme il vous plaira. Vous êtes le patron!

Vous vous demandez peut-être ce que veulent dire les icônes placées en marge de ce guide de gestion?

Le pont mène à des questions qui vous aideront à établir des liens entre la matière présentée et la réalité de votre entreprise.

Le doigt pense-bête résume un élément essentiel du texte.

La plume et la feuille de papier vous présentent une activité qui demande plus qu'une simple lecture.

Le tiroir-caisse vous propose des façons d'utiliser la matière présentée pour améliorer votre situation financière.

Table des matières

Table des matières (suite)

Rappelez-vous que vous n'avez pas à lire ce guide de gestion dans l'ordre suggéré.

Vous pouvez par exemple répondre aux questions de la page 1 et, en consultant les réponses de la page 2, ne lire que les sections qui vous seront utiles pour l'instant.

Mise en situation

Nous allons maintenant faire la connaissance de Nathalie Lapointe, une jeune détaillante qui ne sait plus où donner de la tête.

Du matin au soir, Nathalie court de gauche à droite. Comme si ce n'était pas assez, voilà qu'un de ses vendeurs a donné sa démission ce matin.

Nathalie se prépare maintenant à engager un nouveau vendeur. Suivons-la et demandons-nous, à la lecture de ce cas, ce qu'elle pourrait faire pour améliorer sa situation.

L'histoire de Nathalie nous servira tout au long de ce guide de gestion.

Nathalie venait tout juste de conclure une vente quand l'un des commis lui dit que quelqu'un souhaitait la rencontrer. Elle jeta un regard en direction du visiteur en souhaitant qu'il ne s'agisse pas d'un autre représentant manufacturier.

Nathalie n'avait pas vraiment le temps de recevoir des fournisseurs. Un de ses meilleurs vendeurs avait démissionné ce jour-là après cinq mois d'un excellent travail, et en attendant d'en engager un autre, elle devait « aller au front » et s'occuper elle-même des clients.

Puisque Nathalie ne le reconnaissait pas, l'homme ne devait pas être un représentant. Elle s'en approcha en tendant la main. Il fit de même et, dans le même geste, lui tendit une enveloppe de la main gauche : «Bonjour. Mon nom est Paul Régis. Je suis à la recherche d'un emploi et j'ai pensé vous présenter mon curriculum vitæ.»

Nathalie aurait dû s'y attendre. Les chercheurs d'emplois pullulaient dans la région. Elle avait l'habitude de leur expliquer poliment qu'elle n'avait pas de travail à offrir, mais celui-ci tombait pile. Elle regarda l'homme qui se trouvait devant elle : il était plutôt grand et souriant (il pourrait inspirer confiance aux clients), assez musclé (il pourrait aider à la livraison si le besoin se présentait) et portait des lunettes (c'était probablement un intello; il pourrait tenir la caisse au besoin).

«Bonjour! Si vous voulez me suivre, mon bureau n'est pas très loin.

— Avec grand plaisir.»

Une fois installée, Nathalie ouvrit un tiroir pour y placer l'enveloppe contenant le curriculum. Elle ne les lisait jamais et préférait se fier à son instinct. Elle regarda le postulant dans les yeux : «Vous avez de l'expérience dans le domaine?»

Paul grimaça. Elle comprit immédiatement que ce n'était pas le cas, mais il sourit rapidement et lui répondit avec un aplomb qui lui rappelait son dernier vendeur : «Pas vraiment. Jusqu'ici, je vendais des aspirateurs. Mais je suis motivé et capable d'apprendre. De plus, mon employeur précédent me considérait comme un excellent vendeur. Souhaitez-vous l'appeler?

— Ce n'est pas nécessaire. Je n'ai pas besoin des autres pour me faire une idée sur un vendeur. Quand pouvez-vous commencer?»

Paul écarquilla les yeux. Il était à la recherche d'un emploi depuis maintenant deux mois et il n'était pas habitué à ce genre de question. Il s'était plutôt habitué aux «Je n'ai pas d'ouverture pour l'instant» ou aux «Laissez votre cv à la secrétaire». Il ne remarqua pas que sa voix tremblotait : «Je pourrais commencer dès demain matin, si vous le souhaitez...

- Ce sera parfait. Je vous attends donc à 9 h demain matin.» Nathalie se releva et lui tendit la main. «Je suis certaine que vous vous plairez dans notre entreprise.»

L'autre se releva également, mais il ne souriait pas. «Pouvez-vous me dire ce que j'aurai à faire et quelles seront mes responsabilités?

- Nous verrons tout cela au cours des premières semaines. Je devine que vous avez plusieurs cordes à votre arc.»

Paul ne savait que dire. Il n'allait sûrement pas dire non au premier employeur qui acceptait de lui faire confiance depuis son congédiement de chez Aspirateurs Desnoyers. «C'est cela. À demain.»

Un client venait d'entrer et Nathalie se dirigea vers lui le cœur léger. Il ne lui restait que quelques heures à travailler comme vendeuse. Demain, enfin, un autre vendeur s'occuperait des clients.

Quelques petites questions...

1. Résumez la mise en situation en quelques mots.

_____

_____

_____

2. Le surplus de travail explique-t-il à lui seul le comportement de Nathalie?

_____

_____

3. Pensez-vous que le vendeur qui a quitté l'entreprise avait été embauché de la même façon? Quel indice vous porte à le croire?

_____

_____

4. Notez les forces de Nathalie en matière d'embauche.

_____

_____

5. Notez les faiblesses de Nathalie en matière d'embauche.

_____

_____

_____

6. Comment se passera la première journée de travail de Paul? Sera-t-il productif? Pourquoi?

_____

_____

_____

7. Si Nathalie vous avait demandé un conseil (et un seul) au début de la journée, lequel lui auriez-vous donné?

_____

_____

_____

8. L'employeur précédent de Paul était-il satisfait de ses services? Expliquez.

_____

_____

_____

9. Avez-vous déjà embauché un employé de la même façon que Nathalie? Comment l'expérience s'est-elle soldée?

_____

_____

10. Que faites-vous pour qu'une telle situation ne se produise pas dans votre entreprise? Donnez un exemple.

_____

_____

_____

_____

Ce symbole indique qu'il est temps de travailler! Si vous êtes en groupe, accordez à chacun quelques minutes pour répondre aux questions et ouvrez ensuite une discussion.

Vous verrez que vous n'avez pas tous retenu les mêmes aspects de la mise en situation.

Si vous lisez ce guide de gestion à la maison ou au bureau, prenez tout votre temps, mais n'hésitez pas, si cela vous tente, à inviter un ou une collègue à lire la mise en situation puis à comparer vos réponses.

Jeune entreprise et GRH

Comment percevez-vous vos employés? Comme des exécutants qu'il faut continuellement avoir à l'œil ou comme des collaborateurs qui vous aideront à réaliser votre rêve d'entrepreneur?

Avant de poursuivre votre lecture, demandez-vous ce que vous attendez de ce guide de gestion. Qu'est-ce qui a motivé votre décision de le consulter?

Est-ce une crise soudaine, un sentiment d'impuissance ou le simple désir de vous perfectionner? Quelle que soit la raison, ce guide devrait vous aider à améliorer votre gestion des ressources humaines.

Pour beaucoup d'entrepreneurs, la gestion des ressources humaines se résume à trouver des «p'tits gars» et des «p'tites filles» qu'on va payer au salaire minimum, et à organiser un *meeting* de temps en temps pour annoncer aux employés qu'ils doivent absolument s'améliorer.

Cette vision étroite amène malheureusement les entrepreneurs à mal choisir les membres de leur personnel et à n'utiliser qu'une partie de l'apport qu'ils représentent pour l'organisation. Le personnage principal de notre mise en situation est pris dans ce genre d'engrenage : pour elle, les employés sont des individus choisis au hasard pour la soulager des responsabilités qui lui plaisent moins.

Mais gérer des ressources humaines, c'est bien plus que trouver des personnes, leur assigner un poste et les mettre à la porte si elles ne sont pas à la hauteur.

Dans ce guide de gestion, nous allons tenter de vous aider à tirer le maximum de chaque employé. Notre but : que votre personnel augmente à la fois ses compétences et son enthousiasme pour votre entreprise.

Nous n'approfondirons pas inutilement les principes de gestion qu'utilisent les grandes entreprises. Votre entreprise est jeune, vous n'avez probablement pas encore de contremaîtres ni de directeurs, et la plupart des employés, sinon tous, relèvent directement de vous. C'est sur ce modèle de structure que nous baserons nos interventions.

Pour vous présenter les éléments qui vous aideront à mieux gérer vos ressources humaines, ce guide a été divisé en quatre blocs.

1. Les concepts de base
Nous vous présentons les éléments nécessaires à une gestion minimale des ressources humaines (GRH). C'est dans ce bloc que vous serez mis en contact avec les cinq visages de la GRH, les principes qui doivent la guider et l'importance de bien comprendre comment nos attentes peuvent influer sur le rendement de nos collaborateurs. La compréhension de ces concepts est essentielle à une bonne compréhension des blocs suivants.

2. La direction
Pour les pousser à offrir le meilleur rendement possible, vous devez bien diriger vos employés. Dans cette section, nous vous expliquerons comment un dirigeant d'entreprise peut faire croître le sentiment d'appartenance de ses employés et faire en sorte que ceux-ci adhèrent aux valeurs qu'il privilégie.

3. Les systèmes
Votre temps est limité et la gestion des ressources humaines doit répondre à des impératifs d'efficacité et de transparence. Il ne faudrait pas que des décisions arbitraires ou trop intuitives vous mettent à dos une partie de votre personnel. C'est pourquoi nous vous proposons, dans ce troisième bloc, des outils qui vous aideront à gérer efficacement vos ressources humaines.

4. Le recrutement
Malgré tous vos efforts, certaines personnes ne seront jamais heureuses ou encore ne s'épanouiront jamais au sein de votre entreprise. D'autres pourraient bien l'être, mais leur intégration à votre équipe, si vous n'y avez pas accordé une attention minimale, les empêchera de découvrir les avantages qu'il y a à travailler pour vous. C'est pourquoi le mode de recrutement et l'intégration des nouveaux employés ne doivent pas être pris à la légère. Ce quatrième bloc sera consacré à ces deux questions.

Nous vous souhaitons une bonne lecture et un bon travail. Prenez votre temps. Efforcez-vous de tisser des liens entre ce qui vous est présenté et votre propre expérience. Ce guide ne vous apportera rien si vous ne transposez pas les enseignements dans votre quotidien.

Qu'est-ce qu'un employé?

Un guide consacré à la gestion des ressources humaines doit, avant tout, définir ce qu'est un employé.

Ce guide de gestion définit l'employé comme un individu unique, capable de fournir un effet de levier à son employeur et de garantir un avantage concurrentiel à l'entreprise qui l'a embauché. Voyons de plus près ces trois aspects.

1. Un individu unique

Il n'existe pas d'employé «moyen». Tout employé est unique et arrive dans votre entreprise avec des caractéristiques données :

- *Il a des compétences particulières.* Ces compétences peuvent vous aider à régler des problèmes précis. Certains employés sont efficaces sur le plan manuel tandis que d'autres préfèrent travailler avec les concepts.

- *Il a sa façon d'aborder les problèmes.* Certaines personnes analysent consciencieusement les problèmes qui leur sont présentés tandis que d'autres perçoivent les situations plus globalement et trouvent rapidement des solutions originales. Une bonne équipe de travail devrait réunir des individus de ces deux types.

- *Il a une façon bien particulière de communiquer avec la clientèle.* Certains communiquent plus facilement avec les clients tandis que d'autres sont plus à l'aise avec les chiffres et se laissent peu distraire par les personnes qui les entourent. Pour qu'une entreprise grandisse harmonieusement, elle a besoin de ces deux types d'employés.

- *Il possède un certain degré d'enthousiasme.* Certains adorent travailler pour vous et sont heureux de faire partie de votre équipe. D'autres aiment la relation affective qu'ils peuvent développer avec vous. D'autres recherchent chez vous des conditions qui leur permettent d'exercer leur métier à leur façon. C'est la possibilité de se réaliser qui permettra le développe-

ment de leur sentiment d'appartenance. Nourrir cet enthousiasme est une de vos responsabilités.

- *Il a sa propre conception de sa relation avec votre entreprise.* Certains se voient employés pour la vie tandis que d'autres considèrent votre entreprise comme une étape à franchir en attendant de trouver mieux.

2. Un levier

L'entreprise, quand elle est lancée, repose souvent sur les épaules d'une seule et même personne. Mais à mesure que la clientèle grandit et que l'entrepreneur se rend compte qu'il ne peut suffire à la demande, il fait appel à des ressources externes qui viennent se greffer à l'entreprise et lui permettent de mieux satisfaire une clientèle donnée ou de créer de nouveaux marchés.

À ce titre, l'embauche judicieuse d'un employé apporte à l'entrepreneur un effet de levier qui améliore l'image de son entreprise.

3. Un avantage concurrentiel

Les employés sont «la face visible» de votre entreprise. C'est d'eux que se rappelleront les clients quand viendra le temps de mesurer leur degré de satisfaction. C'est pourquoi la qualité de leur prestation fera souvent la différence entre un client satisfait et un client perdu.

Pour bien des clients, les employés *sont* l'entreprise. Et si vos employés sont en mesure de leur offrir une relation plus satisfaisante, ils en déduiront que votre entreprise est la meilleure. Dans bien des cas (dans le secteur des services surtout), vos ressources humaines sont votre meilleur *avantage concurrentiel.*

La gestion des ressources humaines

Nous sommes maintenant prêts à formuler une définition de la GRH. *La gestion des ressources humaines, c'est l'ensemble des attitudes et des activités qui vous permettront d'utiliser le caractère unique de chaque employé pour multiplier les forces de votre entreprise et augmenter votre position concurrentielle dans un marché donné.*

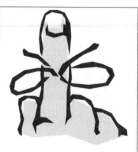

Vive la différence!

La gestion d'une entreprise serait une tâche facile si tous les clients et tous les employés étaient identiques.

Chacun de vos employés est différent des autres. Chacun possède des talents distincts et peut vous offrir un éclairage particulier et une perception originale lorsqu'un problème survient.

Ne considérez pas ces différences comme une difficulté. Dites-vous que ces individus différents enrichissent votre entreprise et la rendent capable de faire face à des défis de toute nature.

Vive la différence!

Les cinq visages de la GRH

Nous avons déjà mentionné qu'une bonne force de travail constitue un avantage concurrentiel pour une jeune entreprise en croissance.

Que faites-vous pour maximiser cet avantage? Pouvez-vous désigner, parmi les cinq visages de la GRH, ceux que vous maîtrisez et ceux que vous devez améliorer?

Avez-vous l'impression que certains de ces aspects ne sont pas vraiment de votre ressort et que, par exemple, c'est aux employés de s'occuper de leur formation?

Quelle note devraient vous accorder vos employés en ce qui a trait aux cinq visages de la GRH?

Nous avons mentionné à la page précédente que la gestion des ressources humaines, c'est l'ensemble des activités qui permettent au gestionnaire d'utiliser le caractère unique de chaque employé pour multiplier les forces de l'entreprise et augmenter la position concurrentielle dans un marché donné.

Pour atteindre ces objectifs, la GRH empruntera tour à tour les cinq visages suivants :

1. La sélection
Le recrutement est le premier visage de la GRH. Tous les candidats à un poste n'ont pas les mêmes talents et le même potentiel. Les gens que vous embaucherez ne seront pas tous nécessairement heureux dans votre entreprise. Ils vous quitteront peut-être même au bout de quelques mois.

C'est pourquoi, compte tenu des coûts de recrutement et d'intégration d'un employé à l'entreprise, il est si important de se doter de techniques de recrutement adéquates et de cesser de recruter à la façon du personnage principal de notre mise en situation.

2. L'encadrement
À son arrivée dans l'entreprise, le nouvel employé ne sait pas toujours ce que l'on attend de lui. À ce moment, il faut lui expliquer vos attentes de manière à ce qu'il prenne rapidement conscience des valeurs qui animent l'entreprise.

Pour ce deuxième visage de la GRH, vous conseillerez l'employé au moment de ses premiers pas dans l'entreprise, vous l'aiderez à résoudre les problèmes plus fréquents et, au fil du temps, vous l'encouragerez à devenir de plus en plus autonome.

3. La formation
Chaque individu arrive dans votre entreprise avec un certain bagage de connaissances. Le troisième visage de la GRH consiste à faire grandir ce potentiel pour permettre à l'employé de faire face à des défis de plus en plus importants et le préparer à abattre les obstacles qui se présenteront devant lui.

4. La confrontation
Il est possible qu'un employé ne soit pas à la hauteur de vos attentes et offre un rendement inacceptable. Cette situation peut avoir plusieurs causes : incompétence, problèmes familiaux, conflit avec d'autres membres du personnel, etc.

Quand survient une telle situation, la GRH devient médiatrice. Comment? En recherchant toujours la cause de ce qui ne va pas. Grâce à ce dialogue constructif, la solution la plus apte à satisfaire à la fois l'employé et l'entreprise s'imposera en douceur.

5. La gestion du sentiment d'appartenance
Le dernier visage de la GRH touche le développement du sentiment d'appartenance au groupe de travail et à l'entreprise.

Nous avons déjà mentionné que bien souvent, pour les clients, les employés *sont* l'entreprise et qu'ils peuvent être considérés comme un avantage concurrentiel. Ils peuvent ainsi attirer l'attention de vos concurrents.

Si vous n'avez pas aidé l'employé à faire grandir son sentiment d'appartenance, celui-ci sera plus sensible aux invitations de vos concurrents et pourra être tenté de quitter votre entreprise, apportant avec lui les précieuses compétences acquises.

Votre entreprise n'est pas qu'un simple endroit où les employés vont *puncher*, semaine après semaine, en échange d'un chèque de paye. Assurez-vous que votre personnel le comprend très bien.

*

Vous vous dites peut-être que la commande est trop grande et que vous ne trouverez jamais le temps d'améliorer votre maîtrise des cinq visages de la GRH. Ne vous découragez surtout pas : cela vient graduellement, une fois que vous aurez intégré les principes qui vous seront présentés tout au long de ce guide.

Les principes

Il arrive qu'une tâche nous semble insurmontable mais que tout devienne possible dès qu'on a compris certains principes. Il en va de même avec la GRH. Dès que vous aurez pleinement assimilé les quatre principes expliqués ci-dessous, vos pratiques de GRH devraient s'améliorer rapidement.

1. Un patron, c'est assez!

Imaginez une entreprise où les deux propriétaires n'ont jamais délimité leurs secteurs d'influence respectifs. Il en résulte souvent des directives contradictoires. Les employés ne savent plus qui écouter ni quoi faire exactement. Ils développent un sentiment d'insécurité plutôt qu'une bonne relation de confiance essentielle pour la création du fameux sentiment d'appartenance nécessaire à la bonne marche de la GRH.

Vous croyez que nous exagérons? Combien d'employés, s'ils se font dire «non» par un des propriétaires de l'entreprise, vont immédiatement faire la même demande à l'autre actionnaire ou à l'autre associé, dans l'espoir d'obtenir une réponse positive? Les zones grises encouragent les jeux de coulisses et minent la crédibilité des propriétaires.

Pour être heureux et s'épanouir dans l'entreprise, vos employés ne doivent relever que d'une seule personne. En multipliant les patrons, vous nuisez à la productivité.

Si vous vous êtes lancé en affaires avec un associé, ou si vous avez nommé un responsable de la production ou des ventes, assurez-vous que vos zones d'influence sont clairement définies et que chaque membre du personnel sait à qui il doit rendre des comptes.

Ne cultivez pas l'ambiguïté. Vous y gagnerez en efficacité et l'ambiance générale de l'entreprise n'en sera que meilleure.

2. Vous devez réserver du temps pour planifier et pendant ce temps le travail doit se poursuivre

Si vous souhaitez que votre entreprise continue à grandir, vous devrez vous réserver du temps pour réfléchir, établir vos objectifs, contrôler les résultats, prendre le pouls de votre entreprise, etc. Si vous n'avez pas aidé vos employés à devenir autonomes et capables de s'occuper même si vous n'êtes pas là, ils ne feront preuve d'aucune initiative et le travail ne se fera pas lorsque vous serez absent.

Au contraire, si vous avez donné suffisamment de latitude à vos employés pour qu'ils ne se sentent pas comme de simples robots, ils profiteront de cette période pour exploiter leur autonomie, se dépasser et faire la preuve qu'ils n'ont pas constamment besoin d'une supervision directe.

3. Les gens sont plus heureux dans les secteurs où ils excellent

Vous devez faire en sorte que chaque membre du personnel puisse utiliser et développer ses connaissances et ses habiletés.

Pour ce faire, dressez un tableau de toutes les habiletés requises par chacun des postes de votre entreprise. Ce tableau, analysé à la lueur des forces de chacun des membres de votre personnel, vous permettra de déterminer qui est le mieux placé pour s'acquitter d'une tâche donnée.

4. Les mots ont plusieurs sens

Chacun de vos employés a sa propre conception du «travail bien fait». Alors que vous pensez à dix ventes quotidiennes, votre employé pense peut-être que cela signifie simplement de garder les lieux propres.

Vous devez bien vous assurer d'être clair quand vous demandez quelque chose à l'un de vos employés. D'ailleurs, ce n'est pas une mauvaise idée d'inviter l'employé à résumer, en ses propres mots, ce que vous venez de lui demander. Nous en reparlerons dans le deuxième bloc, aux pages 14 à 17.

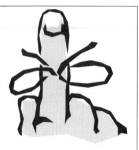

Si vous ne pouvez retenir tout le contenu de ce guide, retenez surtout les quatre principes présentés dans cette page.

Des entreprises solides ont sombré parce que leurs dirigeants n'avaient pas respecté ces quelques principes.

Les augmentations de salaire et les rencontres de motivation n'auront aucun effet. Si vous ne respectez pas ces principes, vos employés ne donneront jamais leur maximum.

Famille, amis et entreprise

Qui est le patron?

Si vous êtes deux associés dans l'entreprise, il est fort possible que vous n'ayez pas décidé encore qui était le patron.

Vous préférez peut-être cultiver l'ambiguïté. Mais prenez garde! Nous avons déjà mentionné qu'un patron, c'est assez.

Soyez clair. Ne faites pas en sorte que des employés ignorent qui est leur supérieur immédiat. Déterminez dès aujourd'hui comment le pouvoir doit être réparti dans votre entreprise.

Les entrepreneurs sont souvent généreux de nature. Si un membre de la famille est en chômage et qu'ils ont un poste à combler, ils lui offriront l'emploi même s'ils auraient facilement pu trouver un employé plus compétent et déjà formé.

Ils auront également tendance à rémunérer les amis ou membres de la famille en tenant compte de leurs besoins plutôt que de leur apport à l'entreprise. C'est ainsi que le fils ou la fille du patron obtiendra vite une augmentation de salaire au moment où sa propre famille grandira.

Il en va de même du niveau de compétence exigé. Certains entrepreneurs accepteront des lacunes chez certains amis ou membres de la famille, lacunes qu'ils n'auraient pas acceptées de la part d'un employé «ordinaire».

Les effets de telles pratiques

Quels effets de telles pratiques ont-elles sur les autres employés, sur ceux qui ne jouissent pas de ce statut particulier? Nous pouvons en citer trois :

- *Les meilleurs employés se chercheront des emplois ailleurs.* Les employés les plus compétents sont souvent les plus ambitieux. Ils ne tarderont pas à se rendre compte que, pour obtenir une promotion dans votre entreprise, il faut être un ami proche ou un membre de la famille. Dès qu'ils comprendront votre façon de diriger, ils penseront à se chercher un emploi ailleurs, là où les promotions sont vraiment offertes en fonction des compétences.

- *Le degré général de mobilisation diminuera.* Les employés perdent l'envie de se dépasser quand ils se rendent compte que les récompenses ne sont pas attribuées en fonction du mérite.

- *Des clans se formeront et l'esprit d'équipe en souffrira.* Il n'est pas rare que, dans une entreprise où les propriétaires ne font pas la différence entre leurs intérêts personnels et les intérêts de l'organisation, l'équipe se scinde en deux groupes isolés. Nous trouvons alors dans un coin les «employés or-

dinaires» et, dans l'autre, les «amis du régime». Il n'y a rien de pire en GRH que l'esprit de clan!

Quelques conseils

Que faire pour se prémunir contre l'incapacité apparente à faire la différence entre la famille, les amis et l'entreprise? Voici quelques conseils qui devraient vous guider dans une autoanalyse de vos pratiques actuelles.

- *Attribuez les promotions ou les responsabilités selon les compétences et les réalisations de chacun.* Il n'y a aucune raison pour que votre fils obtienne le poste de gérant juste parce que c'est votre fils. S'il souhaite devenir gérant un jour, parlez-en avec lui. Précisez les compétences qu'il devra acquérir et assurez-le de votre soutien pendant qu'il se formera. Mais ne lui donnez pas la promotion avant qu'il ne l'ait méritée!

- *Attribuez les augmentations de salaire en fonction du rendement.* Vous vous devez de faire une distinction claire entre l'entreprise et la vie privée. Si vous souhaitez faire des cadeaux, faites-les personnellement, en puisant dans votre poche ou en vous votant un dividende. Augmenter un salaire pour une raison autre qu'un rendement appréciable nuira à la croissance de votre entreprise et à la motivation de vos employés les plus prometteurs.

- *N'utilisez pas deux philosophies de direction : une pour les parents et amis, une autre pour les «étrangers».* Ce n'est pas parce qu'il s'agit d'un ami ou d'un membre de la famille que vous devez tolérer des comportements ou un rendement qui entraîneraient normalement une mesure de redressement. Les amis ou les membres de la famille ne devraient pas tenir leur emploi pour acquis. Vous devez exiger autant de résultats de leur part.

On obtient ce que l'on attend

Pourquoi les gens travaillent-ils? Pourquoi se donnent-ils la peine de se rendre dans votre entreprise chaque jour quand il y a tant de choses à faire chez eux? Cette question viendra clore ce premier bloc d'information.

Il y a plusieurs façons de considérer les employés. La façon dont vous considérez les gens influe sur l'encadrement que vous leur offrez et sur le rendement qu'ils vous donneront en retour. Voyons ce qu'en disait, en 1960, Douglas McGregor (*La dimension humaine de l'entreprise*, Paris, Gauthier-Villars, 1976), un chercheur célèbre.

La théorie X

Selon les tenants de cette théorie, les employés détestent travailler. Ils sont carrément paresseux et si ce n'était de gagner un salaire, ils resteraient chez eux.

De plus, les employés préfèrent être bien encadrés, ce qui les empêche d'avoir à prendre des responsabilités. Leur manque d'ambition les pousse à fuir toutes les situations où ils seraient appelés à fournir plus d'efforts que nécessaire pour obtenir leur chèque de paye.

Les dirigeants qui adhèrent à cette théorie compenseront ces faiblesses en établissant des mécanismes de surveillance et de contrôle. Ils imposeront des méthodes et entretiendront avec les employés des relations dans lesquelles ils se réservent l'utilisation de la matière grise en confinant les employés dans le rôle d'exécutant.

Le plus intéressant dans tout cela, c'est que ceux qui ont adopté la théorie X ont raison. En effet, cette conception des gens force ces gestionnaires à mettre sur pied des structures et un encadrement qui démobilisent les employés, qui les confinent à des gestes prédéterminés et qui les poussent, à adopter, malgré eux, les seuls comportements qui sont attendus d'eux.

La théorie Y

Une autre théorie suggère que les gens finiraient par s'ennuyer de rester chez eux et que c'est pour se réaliser qu'ils cherchent des emplois porteurs de défis.

Selon les tenants de la théorie Y, les êtres humains, à la base, sont travaillants. Autonomes, ils sont motivés par les défis et cherchent à être plus productifs en gagnant de nouvelles responsabilités et en trouvant de meilleures façons de s'acquitter de leurs tâches.

Le plus intéressant, c'est que les dirigeants d'entreprises qui adhèrent à la théorie Y ont également raison! Soucieux de ne pas brimer cette énergie qui anime leurs employés, ils leur offrent toutes les occasions de mieux travailler en s'intéressant à ce qu'ils font et d'évoluer dans leurs responsabilités au fur et à mesure du développement de leurs habiletés. En les encourageant à se dépasser, ils établissent des mécanismes de collaboration.

Sensibles à l'encadrement spécial qui leur est offert, les employés voient leur degré d'engagement augmenter et ils sont prêts à se dépasser pour faire prospérer une entreprise à laquelle ils s'identifient de plus en plus.

Définir les attentes

Imaginez un nouvel employé compétent et motivé qui arrive dans l'entreprise et qui se rend compte qu'il ne pourra jamais faire preuve d'initiative parce qu'on le considère comme un incapable ou un fainéant. Que fera-t-il?

S'il reste, cet employé deviendra blasé ou agressif. Et dans les deux cas, l'entreprise en sortira perdante. Mais la plupart du temps, si ses obligations financières le lui permettent, il choisira de quitter l'entreprise et la privera ainsi du potentiel qu'il avait à lui offrir.

On obtient généralement des personnes ce que l'on en attend. Vos préjugés influeront sur vos gestes et les comportements et les mécanismes que vous mettrez en place détermineront à quelle théorie vous adhérez. Quand vous en aurez pris conscience, vous serez en mesure d'obtenir le maximum de vos employés.

Êtes-vous un tenant de la théorie X ou de la théorie Y?

Profitez de la lecture de cette page pour vous poser les questions suivantes :

- *Quels sont mes préjugés face à mes employés?*

- *Mon niveau d'attente vis-à-vis de mon personnel est-il pessimiste, réaliste ou optimiste?*

- *Comment cette vision a-t-elle façonné ma manière d'encadrer mes employés?*

- *Suis-je un tenant de la théorie X ou de la théorie Y?*

Premier bloc d'activités

Le prochain bloc vous présentera les principes qui doivent vous guider dans l'encadrement quotidien de vos employés.

Avant de vous y consacrer, prenez le temps de vous poser quelques questions permettant de tisser des liens entre ce que vous venez de lire et les comportements que vous adoptez chaque jour, dans votre entreprise.

1. Nous prétendons à la page 8 que tous vos employés sont uniques. Pouvez-vous écrire le nom de trois de vos employés, inscrire leur principale compétence et décrire la façon qu'ils utilisent pour régler les problèmes?

_____

_____

_____

2. Vos employés sont-il utilisés comme un avantage concurrentiel? Expliquez.

_____

_____

_____

3. Avec quel visage de la GRH êtes-vous le plus familier? L'un de ces visages vous rend-il mal à l'aise? Précisez.

_____

_____

_____

4. Y a-t-il des zones grises dans votre entreprise quant à la répartition du pouvoir? Les employés n'ont-ils qu'un seul patron?

_____

_____

_____

5. Avez-vous déjà donné à un employé des instructions qu'il n'a pas comprises? Vous assurez-vous toujours d'être bien compris des membres de votre personnel?

_____

_____

_____

6. Quelle portion de votre temps consacrez-vous à la planification? Le rendement de vos employés diminue-t-il pendant que vous n'êtes pas là?

_____

_____

_____

7. Vous êtes-vous reconnu lorsque vous avez lu la page 11 intitulée « Famille, amis et entreprise »? Expliquez.

_____

_____

_____

8. Êtes-vous un tenant de la théorie X ou de la théorie Y? Quelles conséquences votre conception a-t-elle sur votre personnel?

_____

_____

_____

9. « On obtient ce que l'on attend .» Jusqu'à quel point cela est-il vrai? Avez-vous déjà été déçu par un employé de qui vous attendiez beaucoup? Racontez.

_____

_____

_____

_____

_____

_____

$\mathcal{R} = \mathcal{C} \times \mathcal{A} \times \mathcal{E}$

Cette formule mathématique peut, à première vue, vous sembler bien obscure. Pourtant, elle deviendra rapidement une compagne indispensable de votre gestion quotidienne. Elle indique simplement que le rendement d'un employé (R) est égal à ses compétences (C) multipliées par son sentiment d'appartenance à l'entreprise (A), multipliés par l'apport des facteurs environnementaux (E) qui ne sont pas de son ressort.

C'est donc dire, par exemple, que si la compétence de votre employé est là mais que les deux autres facteurs sont nuls ou négatifs, son rendement ne sera pas remarquable.

Cette formule porte en elle les trois défis qui, une fois relevés, vous permettront de bien diriger vos ressources humaines : améliorer les compétences, favoriser le sentiment d'appartenance et tenir compte de l'environnement de travail.

Améliorer les compétences

Il est évident qu'une bonne sélection du personnel vous donnera une longueur d'avance. Nous traitons du recrutement dans notre quatrième bloc d'information.

Cela dit, le monde n'est pas statique. De nouvelles technologies voient le jour pendant que d'autres évoluent. Les besoins de la clientèle changent et l'approche qui gagnait la faveur des consommateurs hier s'avérera peut-être inefficace demain.

C'est pourquoi il faut penser « formation ». Il faut s'assurer que la compétence de chacun grandit aussi rapidement que l'entreprise. La formation peut porter autant sur les relations interpersonnelles que sur les connaissances techniques. Un employé compétent sera plus sûr de lui-même; il entreprendra son travail avec assurance, sans appréhension et le terminera plus efficacement. De plus, il saura communiquer au client l'impression qu'il sait ce qu'il fait et, du coup, votre entreprise paraîtra plus crédible aux yeux de la clientèle.

Favoriser le sentiment d'appartenance

Le sentiment d'appartenance, c'est une force intérieure qui pousse un employé à s'identifier à l'entreprise, à se réaliser, à se dépasser et qui l'amène à épouser les valeurs et les objectifs de l'organisation. Le problème, c'est qu'il ne se déclenche pas en appuyant sur un bouton. Pour atteindre cet objectif, il faut plutôt agir indirectement en adoptant les trois comportements suivants :

- *Communiquer à chaque employé ce qui est attendu de lui ainsi que les valeurs qui animent l'entreprise.* Il n'est pas rare de voir cohabiter, dans certaines entreprises, des employés fiers de la qualité de leur travail et un employeur qui en est tout à fait mécontent. Imaginez la surprise de l'employé le matin où il est mis à pied.

- *Libérer l'employé en lui permettant d'exercer un peu de contrôle sur son travail.* Si vous vous entêtez à penser que l'employé idéal est un petit robot qui doit vous obéir au doigt et à l'œil, vous ne tarderez pas à démobiliser l'ensemble de votre personnel.

- *Faire la preuve que vous respectez vos employés et que les suggestions d'amélioration que vous leur transmettez ne sont pas des attaques personnelles.* Personne n'aime être attaqué. Lorsque vous les attaquez, la plupart des employés se referment et deviennent hostiles à ce que vous dites.

Tenir compte de l'environnement

Par «environnement», nous entendons tous ces mots qui finissent en *ure* : conjoncture, culture, structure, procédure, fournitures. Ces facteurs influent subtilement sur le travail. Si les employés ne donnent pas le rendement attendu, vous seriez avisé de faire l'examen de ces facteurs environnementaux sur lesquels le personnel n'a pas de prise avant de mettre en cause les employés eux-mêmes!

Par exemple, si l'équipement (« fourniture ») que vous mettez à la disposition de votre personnel n'est pas adéquat, il ne faudra pas vous surprendre si le rendement est minimal.

En résumé, la croissance rentable de votre entreprise passe par un bon rendement de vos employés. Et pour que ce rendement s'améliore sans cesse, vous devez faire croître leurs compétences et leur sentiment d'appartenance tout en tenant compte de l'environnement.

Notre second bloc d'information vous présente les trois défis qui caractérisent la direction d'employés :

- *faire grandir leurs compétences et leurs forces respectives;*

- *faire grandir leur sentiment d'appartenance à votre entreprise;*

- *bien gérer l'environnement.*

Ces trois dimensions sont essentielles à une direction efficace et une faiblesse sur l'une d'entre elles ne peut être compensée par une force sur l'autre.

La lutte à l'ignorance

Pour que votre entreprise devienne prospère, il faut que vous partagiez avec vos employés les mêmes buts et les mêmes ambitions.

Si vous omettez de leur faire part de la direction que vous entendez prendre, ils combleront ce vide en s'inventant leurs propres objectifs.

Au chapitre des ventes, par exemple, des employés privilégieront le nombre de transactions tandis que vous auriez peut-être opté pour la marge bénéficiaire.

Après tout, qui peut leur en vouloir si vous n'avez pas été clair?

La peur de l'échec

La peur de l'échec vous paralyse-t-elle? Certains entrepreneurs ont à ce point peur d'échouer qu'ils se refusent à communiquer leurs rêves à ceux qui sont les mieux placés pour les aider à les réaliser. Ils ont percé dans un marché où règne la méfiance et, quand ils échangent des idées avec leur personnel, ils ont tendance à reproduire ce sentiment né de leurs relations avec les concurrents.

Ces entrepreneurs se disent qu'en gardant pour eux leurs aspirations et les objectifs qu'ils se sont donnés, ils ne risquent pas de passer pour des ratés si ces objectifs ne sont pas atteints.

Ce faisant, bien malgré eux, ils nuisent directement à l'atteinte de leurs propres objectifs. Car le succès d'une entreprise est le résultat d'un travail d'équipe. Les équipes qui ne rament pas dans la même direction ne méritent jamais de médailles.

Soyez clair!

Personne ne peut participer intelligemment aux activités d'une entreprise s'il ne sait pas où celle-ci s'en va. Personne ne peut se sentir engagé s'il ignore quelles valeurs animent son employeur. Vous devez être clair. Vous devez mettre de côté vos inquiétudes et votre peur de l'échec.

Comme le mentionne le livre *Famille en affaires* (voir la bibliographie, page 35), «ne pas savoir où se dirige l'entreprise, ne pas connaître les objectifs à long et à court terme et ignorer les raisons qui justifient telle ou telle politique administrative, ne peuvent que mener à une multiplicité d'objectifs personnels qui, tôt ou tard, entrent en conflit les uns avec les autres».

Ce souci de clarté ne peut que vous être bénéfique; il vous forcera à clarifier votre pensée et les raisons qui vous font agir. Si vous avez, jusqu'ici, été muet au sujet de vos aspirations, il est fort possible que vous soyez du genre à prendre vos décisions de manière intuitive, arbitraire, sans vous demander si celles-ci vous aideront à atteindre vos objectifs à court, à moyen et à long terme.

Quelques conseils

Voici trois conseils pour sortir de l'ignorance dans laquelle vous confinez peut-être vos employés.

- *Faites le point.* Commencez par vous demander pourquoi vous êtes en affaires, en quoi votre entreprise se distingue des autres et quels sont les objectifs que vous aimeriez atteindre dans les prochaines années. Vous ne pourrez guider votre personnel si vous ne savez pas vous-même où vous vous en allez.

- *Racontez votre histoire.* Le nouvel employé ne sait pas grand-chose de votre entreprise. N'hésitez pas à lui raconter comment et pourquoi vous avez lancé votre entreprise. Expliquez-lui ce qui vous a motivé et ce qui vous porte à penser que votre entreprise continuera à prospérer au cours des prochaines années. Il prendra alors conscience des valeurs qui vous animent.

- *N'inventez rien!* Évitez d'afficher des valeurs qui ne sont pas les vôtres. Tôt ou tard, votre comportement vous trahira et vous créerez de la confusion au sein de votre personnel. Si la satisfaction de la clientèle ne fait pas partie de vos valeurs, n'en parlez pas. Si vous n'êtes pas cohérent, vous susciterez chez votre personnel des réactions désagréables.

- *Faites part de vos attentes.* Rencontrez chaque membre de votre personnel individuellement et précisez-lui vos attentes. Quelle doit être sa performance pour que vous soyez satisfait de lui?

- *Dites pourquoi.* Quand vous annoncez une décision ou une nouvelle politique, n'oubliez pas d'expliquer pourquoi vous l'avez adoptée et en quoi elle s'inscrit dans votre projet d'entreprise.

Quand vient le temps de fournir un effort, rien n'est plus motivant que de savoir que cet effort contribuera à faire avancer l'équipe vers un objectif partagé par tous ses membres.

La libération des employés

Bien diriger des employés et faire grandir leur sentiment d'appartenance à l'entreprise, c'est également les libérer du fardeau de la supervision directe. Si vous ne les encadrez pas avec doigté, si vous les encadrez à l'extrême, si vous ne leur laissez aucune latitude et s'ils ne peuvent s'exprimer quand survient un problème, ils développeront peu à peu l'un des comportements suivants :

- *L'ennui.* C'est la réaction la moins importante, mais elle est fortement dommageable pour l'entreprise. L'employé qui ne peut utiliser son initiative ou sa créativité au travail développe un profond ennui envers celui-ci et concentre plutôt son énergie à d'autres activités. Dès lors, l'entreprise ne profite plus que d'une partie de ce que cet employé aurait pu lui offrir.

- *L'indolence.* Dans ce cas, l'employé sait qu'il pourrait faire davantage, mais il s'entête sciemment à se limiter au strict minimum.

- *Les comportements malicieux.* Dans ce cas extrême, la sous-utilisation de ses capacités peut créer tellement d'inconfort chez l'employé qu'il peut développer une agressivité qui grandira sans cesse. Il n'hésitera pas, par exemple, à saboter une commande ou à adopter un comportement désobligeant envers un client.

Quelques suggestions

Pour libérer vos employés :

- *Faites savoir que vous êtes ouvert aux suggestions.* Mieux : montrez que vous les attendez. Installez une boîte à suggestions, prévoyez du temps à chaque *meeting* pour aller à la *pêche aux idées* et arrêtez-vous régulièrement pour demander à des employés, en privé, ce qui pourrait être fait pour améliorer la qualité du travail. Tous doivent savoir qu'ils ne vous dérangeront pas du tout s'ils vous soumettent une idée et que chaque idée sera considérée attentivement.

- *Écoutez avec respect.* Ce point est tellement important que nous lui consacrons la page suivante. Donnez toujours suite aux suggestions. Dites pourquoi vous les retenez; dites aussi pourquoi vous ne les appliquez pas tout de suite ou pourquoi vous ne les retenez pas. Faites sentir à vos employés que vous étudiez sérieusement leurs idées. Il comprendront alors que vous aimez en recevoir.

- *Faites un appel à tous quand vous ignorez quelle décision prendre.* Ce n'est pas parce que vous êtes le patron que vous devez avoir réponse à tout. Dans le doute, consultez votre équipe et demandez son opinion sur les choix qui s'offrent à vous. Être dans le doute n'est pas honteux. Un vrai leader n'a pas honte de demander conseil.

- *Acceptez la possibilité d'échec.* Si un employé vous propose une nouvelle façon de faire son travail, encouragez-le à mettre ses idées en application et faites-lui bien savoir que, si l'essai n'est pas concluant, il ne sera pas pénalisé. Les meilleures découvertes se font au bout de plusieurs essais. N'écrasez jamais l'employé en lui disant que «ses idées ne sont jamais bonnes».

«Je suis le patron, j'ai donc les meilleurs idées»

Si vous cultivez des pensées de ce genre, votre entreprise ne connaîtra qu'une fraction de sa croissance potentielle. Efforcez-vous d'encourager vos employés à penser. Vous y gagnerez.

L'application de ces principes fera grimper leur sentiment d'appartenance et, en même temps, leur rendement au travail. De plus, parce qu'ils auront appris à faire usage de leur esprit d'initiative, votre degré de supervision directe diminuera. Vous aurez plus de temps à accorder à vos activités de planification ou à la conclusion d'ententes avec de nouveaux clients.

Vos employés ne sont pas de simples robots. Ils constituent des leviers qui peuvent contribuer grandement à l'atteinte des objectifs de votre entreprise.

Êtes-vous manipulateur?

Comment se passent généralement vos réunions? Avez-vous tendance à simuler la participation pour y faire adopter des décisions que vous avez déjà prises?

Sachez que si c'est le cas, vos employés ne sont pas dupes. Depuis longtemps, ils se sont faits à l'idée qu'ils ne devaient pas vous faire part de leurs nouvelles idées lors de ces rencontres.

Libérez-les! Distribuez à l'avance l'ordre du jour de votre prochaine rencontre et efforcez-vous, tout au long de celle-ci, d'écouter davantage que vous ne parlez.

Le respect

Le degré d'engagement d'un employé diminue rapidement lorsqu'il a l'impression de ne pas être respecté.

Dans le volume *Adieu patron, bonjour coach!* cité à la page 35, Dennis Kinlaw nous explique que «les gens donnent le meilleur d'eux-mêmes lorsqu'ils ont la certitude que leur travail a de l'importance pour quelqu'un» et que «les collaborateurs se sentent souvent plus appréciés lorsqu'on reconnaît leurs difficultés que lorsqu'on apprécie leur performance».

La reconnaissance du travail effectué et l'appréciation donnée aux employés a pour base le respect que vous leur témoignez. Et vous disposez de trois outils pour faire tous les jours la preuve de ce respect.

1. L'écoute

Le dirigeant qui écoute mal transmet le message que ce que les autres lui disent n'est pas important et qu'ils ne méritent pas d'être écoutés. Si vous souhaitez faire la preuve que vous respectez les membres de votre personnel, il est primordial d'apprendre à écouter.

- *Soyez présent.* Arrêtez d'ouvrir votre courrier ou de consulter votre montre. Regardez votre interlocuteur avec intérêt et évitez de l'interrompre même si vous devinez ses prochaines paroles.

- *Retenez-vous.* Ne préparez pas mentalement votre réponse avant que votre interlocuteur n'ait terminé de parler. Vous laisseriez alors entendre que votre idée est déjà toute faite et que son intervention est inutile. Au besoin, observez des silences, des pauses.

- *Mettez-vous à sa place.* C'est la meilleure façon de comprendre ses préoccupations et la raison des gestes qu'il pose. Recherchez les motifs qui expliquent son attitude.

- *Encouragez l'autre à continuer.* Certaines personnes ont besoin de parler plus longtemps pour préciser leur pensée. Encouragez-les à poursuivre et vous les aiderez ainsi à se faire comprendre.

- *N'attaquez pas le messager.* Tenez-vous-en aux faits. Si le travail est en retard, ne dites pas à votre interlocuteur qu'il est un incapable. Faites plutôt le constat de la situation et demandez ce que vous pouvez faire pour l'aider à terminer dans les délais. Toute personne qui se sent accusée se referme et cesse de communiquer.

2. La reformulation

Nous avons déjà dit (à la page 10) que les mots n'ont pas le même sens d'un individu à l'autre. Par conséquent, il peut arriver qu'un employé tente de vous dire une chose et que vous en compreniez une autre. Cela peut mener à des malentendus coûteux.

Une bonne manière de se prémunir contre ces incidents consiste à prendre l'habitude de reformuler en vos propres termes ce que votre interlocuteur vient de vous dire. De cette façon, vous pouvez tout de suite vous assurer que vous avez bien compris.

Une bonne reformulation doit cependant respecter les consignes suivantes :

- *Ne jouez pas les perroquets.* Reformuler ne veut pas dire « répéter mot pour mot ce que votre vis-à-vis vient de dire ». C'est le *sens* qu'il faut communiquer et non pas simplement les mots.

- *Paraphrasez.* N'hésitez pas à utiliser des phrases comme «Si j'ai bien compris...» ou «Laisse-moi résumer la situation». C'est la meilleure façon de vérifier si tout est clair.

3. Les signes d'appréciation

Ne vous gênez pas de communiquer votre satisfaction quand un travail a été bien fait. Pourquoi retenir ces mots de félicitations qui vous brûlent les lèvres?

Comme l'a écrit Dennis Kinlaw, les gens donnent le meilleur d'eux-mêmes lorsqu'ils ont la certitude que leur travail a de l'importance pour quelqu'un.

La gestion symbolique

Vous reconnaissez-vous dans l'une ou l'autre des mises en situation qui suivent?

- Pierre rappelle constamment à ses employés que les clients sont les vrais patrons. Mais si un client ose déposer une plainte, Pierre les ridiculise en les traitant de chialeurs et de mécontents professionnels. Curieusement, ces derniers temps, les employés de Pierre sont de moins en moins tolérants envers les clients mécontents.

- Charlotte s'attend à une loyauté complète et à un comportement irréprochable de ses employés. Mais chaque fois qu'elle manque d'argent, elle se sert à même le tiroir-caisse du commerce.

- Luc rappelle continuellement à ses employés que la qualité des produits livrés est très importante. Mais il se met en rogne chaque fois que son contremaître interrompt la production parce qu'une des machines doit être réajustée.

La gestion symbolique

Nous apprenons dans *Communiquez! Négociez! Vendez!* (voir bibliographie, page 35) que «la gestion symbolique, c'est une communication que vous pouvez transmettre sans ouvrir la bouche, sans écrire un seul mot, du seul fait que ceux qui vous entourent ont les yeux rivés sur vous et perçoivent, dans vos gestes, des significations que vous ne souhaitez peut-être même pas transmettre. Souvent, ce que vous communiquez par la gestion symbolique peut être en complète contradiction avec ce que vous dites.

« Ainsi, ne tentez pas de convaincre vos employés d'arriver à l'heure si vous-même êtes en retard tous les matins. Ne leur répétez pas que le client est roi si vous le méprisez ouvertement quand ça ne va pas. En outre, ne vous attendez pas à ce qu'ils soient honnêtes si vous prenez de l'argent dans la caisse à tout moment.

« Vous êtes un modèle pour ceux qui vous entourent. Vos gestes, par leurs effets d'entraînement, constituent un système de gestion symbolique. Assurez-vous qu'ils transmettent ce que vous soutenez verbalement.»

Utiliser la gestion symbolique

Vous pouvez par ailleurs utiliser la gestion symbolique pour renforcer vos messages verbaux ou écrits. Par exemple :

- La mépris de Pierre envers les clients mécontents se propage peu à peu chez les employés. Que se passerait-il si Pierre décidait de prendre les plaintes au sérieux, de les compiler, d'isoler les plus fréquentes et d'en discuter au prochain *meeting* en demandant ce qui devrait être fait pour que les plaintes ne surviennent plus?

- Les gestes de Charlotte auront pour effet de diminuer peu à peu le degré d'honnêteté de ses employés. En effet, ceux-ci pourront justifier leurs gestes en se disant que ce qu'ils volent à leur patronne, elle l'a probablement déjà volé au fisc. En modifiant son comportement, elle renversera ce raisonnement malsain.

- Le geste de Luc quand il s'en prend à son contremaître vient contredire ses propres instructions verbales. Ne vaudrait-il pas mieux qu'il demande à son contremaître de réfléchir aux causes de non-qualité et de s'entretenir avec lui des mesures à prendre pour tirer meilleur parti de l'équipement?

Les gens aiment travailler pour des gagnants. Ils détestent l'incertitude créée par deux messages contradictoires. En adoptant sciemment les comportements qui vous permettront de faire passer les messages que vous jugez les plus importants, vous viendrez renforcer les messages que vous communiquez verbalement et vous ferez grandir le sentiment d'appartenance de vos employés.

Faites ce que je dis, pas ce que je fais!

Vos gestes viennent-ils contredire ce que vous dites? En tant que patron, vous parlez autant avec vos gestes qu'avec des messages verbaux ou écrits.

Prenez garde de leur envoyer des signaux contradictoires! Rappelez-vous qu'ils ont les yeux tournés vers vous et que vous êtes, pour la plupart d'entre eux, un modèle à imiter.

Bloc d'activités

Ce bloc que vous terminez maintenant est le plus important de tout ce guide de gestion.

Non seulement vous aidera-t-il à devenir un patron plus efficace mais il pourrait également vous être d'un précieux secours dans votre vie personnelle.

C'est pourquoi nous vous invitons à répondre à ces quelques questions.

1. Nous présentons à la page 14 le rendement d'un employé comme étant le produit de ses compétences, de son sentiment d'appartenance et des facteurs environnementaux. Lequel de ces trois éléments fait le plus défaut à vos employés? Expliquez en donnant quelques exemples.

_____

_____

_____

_____

_____

2. Vous est-il arrivé de ne pas dévoiler vos aspirations parce que vous doutiez de votre capacité à atteindre vos objectifs?

_____

_____

_____

_____

3. Vos employés connaissent-ils la direction que prend votre entreprise et les valeurs qui l'animent? Expliquez.

_____

_____

_____

_____

_____

4. Vous est-il facile d'écouter les gens jusqu'à ce qu'ils aient fini de parler? Pourquoi?

_____

_____

_____

5. Avez-vous de la facilité à reformuler ce que les autres vous disent? Donnez un exemple.

_____

_____

_____

6. Décrivez les trois dernières interventions d'appréciation que vous avez faites.

_____

_____

_____

7. Y a-t-il des gestes que vous posez régulièrement et que vous avez décidé de changer à la suite de la lecture de la page 18? Expliquez.

_____

_____

_____

L'importance des systèmes

Par «système», nous entendons les politiques que vous établissez au sujet des conditions de travail, des salaires et de la discipline. Ce sont des instruments essentiels qui vous viennent en aide lorsque vous gérez des ressources humaines.

N'ayez crainte! Nous n'allons pas vous proposer de bureaucratiser votre organisation quand c'est probablement sa capacité de *se retourner sur un trente sous* qui lui donne sa personnalité propre.

Mais il y a une grande différence entre le fait de bureaucratiser votre entreprise et celui d'établir un système de gestion des ressources humaines.

Quelques exemples
Quelques entrepreneurs n'ont pas systématisé leur gestion des ressources humaines et en subissent maintenant les contrecoups :

- Lucie est très mécontente. Son patron l'a engueulée ce matin parce qu'elle est arrivée 10 minutes en retard. Or, Pierre est arrivé trois fois en retard la semaine dernière et il n'a pas reçu la moindre réprimande.

- Jacques ne sait plus où donner de la tête. Trois employés sont tour à tour passés le voir ce matin à son bureau. La raison de leur visite? Ils voulaient savoir si le prochain jour férié leur sera payé même s'il tombe une journée où l'entreprise est fermée.

- Guy est très nerveux. Son fils ne se sentait pas bien cette nuit et il l'a emmené à l'hôpital. Se trouvant encore dans la salle d'attente, il se prépare à appeler son patron pour lui annoncer qu'il sera en retard.

- Claire est plutôt en colère. Parce qu'un collègue de travail est en vacances, son patron l'oblige à travailler 60 heures cette semaine. Le problème, c'est que la garderie ferme à 18 h et qu'elle n'a pas de gardienne.

- Yvan travaille habituellement 32 heures par semaine. La semaine dernière, il en a fait 35. Il s'attendait à ce que ces trois heures supplémentaires soient payées à taux et demi, mais ça n'a pas été le cas. Il se demande si c'est légal...

Toutes ces situations ont une cause commune : l'absence de règles claires qui crée de la confusion et de l'inconfort chez des employés compétents et généralement satisfaits de leur travail.

Les avantages d'élaborer un système
L'adoption et la diffusion d'un manuel de conditions de travail, d'une politique salariale et d'une politique disciplinaire vous feront profiter des avantages suivants :

- *Vous aurez plus de temps à vous.* N'ayant plus à répondre à des demandes multiples parce que les règles du jeu sont maintenant claires, vous aurez plus de temps à consacrer à vos activités.

- *La satisfaction des employés augmentera.* Si tous sont au courant des règles qui encadrent leur travail au sein de l'entreprise, et si personne n'a droit à des traitements privilégiés, le ressentiment et l'injustice, que l'on retrouve dans les entreprises sans politiques établies, n'auront pas de prise chez vous.

- *Le rendement des employés augmentera.* Nous avons déjà vu à la page 15 que le manque de clarté mine le degré d'engagement des employés. Des politiques claires et connues auront, au contraire, un effet bénéfique.

- *La loyauté des employés augmentera.* Il n'y a rien comme le sentiment d'avoir été traité injustement pour faire diminuer la loyauté d'un employé. Des politiques claires vous prémuniront contre ce risque.

Ces avantages sont très intéressants. Les prochaines pages seront d'ailleurs consacrées à l'élaboration de trois politiques importantes et à la mise sur pied d'un système d'entrevue de rétroaction.

C'est pas juste!

Si vous ne vous donnez pas la peine d'adopter des politiques claires au sujet de votre gestion des ressources humaines, et si vous ne faites pas connaître ces politiques, vos décisions risquent, à l'occasion, de paraître arbitraires ou de susciter la colère.

En systématisant ce qui doit l'être, vous vous assurez que vos employés ne vous regarderont pas agir en disant : «C'est pas juste!»

Le manuel des conditions de travail

Le manuel des conditions de travail est un document qui explique ce qu'un employé peut faire et ne pas faire. Il a pour but de faciliter les relations entre tous les membres du personnel d'une entreprise.

C'est un document écrit. Il peut être simplement affiché ou remis à chaque employé.

Voici ce que vos employés devraient retrouver, au minimum, dans leur manuel :

- *Les heures de travail.* Quelle est la semaine normale de travail dans votre entreprise? À quelle heure les employés doivent-ils arriver au travail? Le nombre d'heures de travail varie-t-il selon l'emploi qu'on occupe ou encore selon le quart de travail?

- *Les heures supplémentaires.* Les heures supplémentaires de travail sont-elles obligatoires dans votre entreprise? Avez-vous fixé un maximum d'heures supplémentaires que peut faire un employé?

- *Les salaires et les primes.* Existe-t-il une échelle de salaires? Est-elle affichée? Existe-t-il un document qui explique le moment de l'augmentation générale annuelle? Comment le travail supplémentaire est-il rémunéré ? (Nous en traitons à la page suivante.)

- *Les jours de congé.* Qui a droit aux jours fériés et payés? À quelles conditions?

- *Le congé annuel payé.* L'entreprise ferme-t-elle ses portes à un moment particulier de l'année? Quand? À combien de semaines de vacances les employés ont-ils droit? Quelle est leur rémunération à ce moment? Le nombre d'années de service influe-t-il sur le nombre de semaines de vacances auquel l'employé a droit?

- *Les congés spéciaux.* Si un décès survient dans la famille d'un employé, à quelles conditions celui-ci pourra-t-il s'absenter? Et si son enfant est malade? En général,

qui l'employé doit-il avertir s'il prévoit ne pas entrer au travail?

- *Les années de service.* Des avantages sont-ils consentis à ceux qui ont accumulé un nombre particulier d'années de service? Quels sont ces avantages? Par exemple, ils peuvent exercer, à tour de rôle, le premier choix de leur période de congé annuel ou se voir offrir les postes vacants en premier.

- *Les congés de maladie.* Que se passe-t-il si la maladie oblige l'employé à s'absenter? À partir de quel moment et pendant combien de temps est-il rémunéré? Quelles sont les règles qui prévalent alors?

- *Les accidents de travail.* Que doivent faire l'employé, ses collègues et son patron lorsque survient un accident de travail? Quelles sont alors les modalités du congé?

- *L'assurance-groupe.* Les employés bénéficient-ils d'une assurance-groupe? Que couvre-t-elle? Qui est couvert? Il est bon de préciser les couvertures dans le manuel des employés même si chacun d'entre eux a reçu une copie de la police.

Une œuvre de communication

Si vous rédigez un manuel de conditions de travail, le temps passé à arbitrer ou encore à reformuler les politiques diminuera rapidement et la satisfaction de chaque employé grimpera. Le manuel des conditions de travail est une œuvre de communication. S'il est expliqué annuellement, et seulement à cette condition, les conditions de travail se fixeront dans les esprits et dans les cœurs.

Si vous souhaitez que le document soit lu et qu'il atteigne les objectifs souhaités, vous devez viser la concision. Dans bien des cas, quatre ou cinq pages suffisent. Ce n'est pas une encyclopédie. Assurez-vous toutefois d'en faire une révision annuelle.

Les gens aiment savoir à quoi s'en tenir avant qu'un événement ne se produise. Un manuel des conditions de travail bien fait leur procurera la sécurité personnelle et professionnelle.

Les salaires

Beaucoup d'entreprises n'ont pas de politique salariale et arrivent tout de même à subsister. Voici comment les choses se passent.

Dans ces entreprises, les employés les plus audacieux demandent une augmentation. Dès qu'ils apprennent ou soupçonnent cela, certains autres font leur réclamation à leur tour. Et celles-ci se succèdent à qui mieux mieux, à n'importe quel moment. Quant aux salaires offerts au moment de l'embauche, ils varient en fonction du moment et du caractère urgent de celle-ci. Résultat : au bout de quelques années, ceux qui n'ont jamais demandé d'augmentation de salaire et ceux qui ont été embauchés quand il n'y avait pas d'urgence se retrouvent moins bien payés que les autres, quel que soit leur rendement au travail. Vous devinez que cette dynamique aura tôt fait d'engendrer l'insatisfaction générale, de démobiliser votre personnel et de gaspiller votre temps.

Comment établir les salaires

Vous pouvez élaborer une échelle des salaires en suivant ces sept étapes :

1. *La liste des emplois.* Commencez en dressant la liste complète des emplois existant dans votre entreprise. N'oubliez aucun emploi, surtout pas le vôtre.

2. *L'ordre des emplois.* Placez les emplois en allant du moins complexe au plus complexe. Ne tenez pas compte des salaires pour le moment.

3. *Les classes d'emplois.* Groupez en classes les emplois qui se ressemblent et qui vous apparaissent du même poids. (Ne considérez toujours pas les salaires.) Une secrétaire de direction peut se retrouver dans la même classe qu'un chef d'équipe, un technicien dans la même classe qu'un homme de métier.

4. *Normalisez la situation.* Sous ce nouvel éclairage, déterminez si l'ordre des classes et les postes que vous avez inscrits dans celles-ci respectent la complexité relative de chacun. Procédez aux modifications qui vous semblent les plus justes.

5. *Les salaires en vigueur.* Inscrivez tous les salaires existants en regard de chacune des classes. Ne faites que les inscrire tels quels. Ne faites aucune supposition ou modification. Vous voilà alors au nœud de l'affaire : des écarts de toutes sortes et des incongruités apparaissent. Il fallait s'y attendre.

6. *Le salaire moyen.* Établissez le salaire moyen en regard de chaque classe. Allez-y selon votre jugement et en respectant la relativisation à laquelle vous êtes précédemment arrivé.

7. *Les échelons.* À partir du salaire moyen de chaque classe, établissez maintenant, au moyen d'un pourcentage, quelques échelons inférieurs (pour le salaire à l'embauche et pour les niveaux d'apprentissage) et quelques échelons supérieurs (pour les années d'expérience). Faites en sorte que le niveau supérieur ne dépasse pas le niveau inférieur de la classe suivante.

Il arrivera que vous ne puissiez utiliser le seul critère de la complexité pour fixer les salaires. Par exemple, la rareté des soudeurs aura un effet sur le salaire qui leur est accordé. Il s'agit alors d'un problème de marché et non de gestion salariale. Que faire? Ne touchez pas à votre échelle puisque celle-ci établit la cohésion interne et le sentiment de justice pour tous. Offrez plutôt une «prime de marché» et surtout dites-le. Mentionnez aussi que la prime disparaîtra dès que le marché se sera stabilisé.

Comment établir la politique salariale

Assurez-vous que la politique salariale est connue de tous, que tout le monde sait quand a lieu l'augmentation annuelle et à quelle période de l'année l'échelle est révisée.

Votre politique salariale exige, elle aussi, un travail de communication. Votre échelle et votre système salarial ont été établis méthodiquement. Faites-en part à vos employés puis expliquez-les. La communication est à la source de votre réussite en ce domaine.

Rien ne vous empêche, tout au long de l'année, d'offrir des bonis supplémentaires de groupe en fonction d'objectifs à court terme (réduction des défectuosités, taux de satisfaction de la clientèle, livraison d'un gros contrat dans les délais prévus, etc.).

Un truc pour établir les échelons

Inscrivez chaque poste sur un bout de papier en n'inscrivant qu'un seul poste sur chacun.

Mettez ensuite ces bouts de papier en ordre sur une table ou sur un mur. Vous obtiendrez alors la vue d'ensemble souhaitée. Et vous pourrez dès lors procéder à volonté aux inévitables changements sans être obligé de tout reprendre.

La politique disciplinaire

Les trois conditions de travail les plus importantes pour les employés sont la durée du travail, la rémunération et la politique disciplinaire. Si votre temps est limité, consacrez-vous à ces trois éléments de façon prioritaire.

Qu'allez-vous faire si le rendement d'un employé n'est pas à la hauteur de vos attentes? C'est une question importante qui mérite qu'on s'y arrête; en effet, un tel rendement peut avoir deux origines.

Les causes
Le rendement insatisfaisant peut être dû à un manque de compétence. Recherchez alors un programme de formation pertinent et offrez-le à votre employé. Toutefois, quand l'écart entre vos attentes et le rendement de l'employé est causé par des comportements inacceptables ou par une mauvaise volonté évidente, il vaut mieux puiser dans les clauses de la politique disciplinaire.

N'explosez pas!
Trop d'employeurs n'expliquent pas à l'employé ce qu'il pourrait faire pour améliorer son rendement. Ils tolèrent un comportement qui leur tombe sur les nerfs jusqu'au jour où, n'en pouvant plus, ils explosent et mettent à pied l'employé fautif, qui est tout surpris par l'ampleur de la tempête.

Vous ne devez pas accepter un comportement insatisfaisant. Vous devez appliquer une politique disciplinaire comprenant trois séries de mesures graduées :

- *Les mesures de premier niveau.* Elles s'imposent quand le problème est mineur. Par exemple, les retards ou le fait de ne pas avoir averti pour une absence, même légitime. Elles englobent les remarques à l'employé, les remontrances ou les réprimandes. Ces mesures doivent être signifiées pendant une entrevue planifiée ou impromptue. Ne le faites jamais devant les autres membres du personnel; il pourrait en résulter un sentiment d'humiliation pour l'employé.

- *Les mesures de deuxième niveau.* Si le comportement dérogatoire persiste (comme des retards répétés) ou si l'infraction est majeure (comme un manquement à la sécurité), il faut avertir officiellement et par écrit l'employé en cause. Demandez-lui de passer vous rencontrer et exposez-lui les faits. Donnez-lui la possibilité de s'expliquer. Tenez-vous-en aux faits. Rédigez ensuite une lettre d'au plus une page exposant, dans l'ordre, le fait reproché, l'explication de la dérogation, l'énoncé de la mesure, l'avertissement approprié sous peine de mesures plus sévères et la salutation finale. Remettez ensuite la lettre à l'employé en l'invitant à poursuivre la réflexion. Par la suite, si la situation s'est régularisée, avisez-le que vous avez remarqué ses progrès.

- *Les mesures de troisième niveau.* Si vous avez appliqué les mesures précédentes, il vous sera rarement nécessaire de recourir à la suspension et au congédiement. Cela dit, si la situation nécessite le congédiement, procédez de la même manière que pour les mesures de deuxième niveau.

La mesure disciplinaire a pour objet de faire réfléchir. Une bonne réflexion conduira généralement à un changement de comportement. Mais ne vous en servez jamais dans le but de punir.

Tout comportement inacceptable devrait, quant à lui, être puni. Ne fermez pas les yeux devant ces événements. Les autres membres du personnel s'en rendront compte et s'attendront au même traitement s'ils commettent de tels actes.

Vous éviterez, d'autre part, de favoriser ces employés qui se croient devenus indispensables et qui, pour cette raison, exigent toujours de plus grands privilèges.

La politique disciplinaire exige, elle aussi, un travail de communication. Expliquez-la une fois par an et affichez-la. Il n'est pas inutile de souligner que son application demande du courage et du leadership. Le simple fait de la rendre publique clarifiera beaucoup de choses; vous n'aurez pas besoin d'y recourir souvent et vous ferez grandir l'estime et le respect du personnel à votre égard.

L'entretien d'appréciation

Comme on le mentionne dans *Communiquez! Négociez! Vendez!* (voir la bibliographie, page 35), «l'entrevue d'[appréciation] est un outil de feed-back qui permet à l'employé de savoir comment il est perçu et qui donne l'occasion au duo [patron-employé] de régler les problèmes qui empêchent l'employé d'atteindre son plein rendement. Pour être efficace, l'entrevue doit répondre aux caractéristiques suivantes :

- Les règles du feed-back, que nous vous présentons ci-dessous, ne doivent pas être ignorées. Adoptez une attitude empathique, soyez prêt à écouter et concentrez-vous sur les faits plutôt que sur la personne.

- Ayez tous deux en main la description du poste et les attentes qui y sont rattachées. Si rien n'est écrit, commencez en griffonnant ensemble ces éléments sur un papier. Ces détails pourront vous servir la prochaine fois.»

Un bon feed-back

Dans un premier temps, un bon feed-back s'en tient aux faits et il ne porte pas de jugement. Vous direz par exemple «Trois clients se sont plaints de ton langage», plutôt que «Tu ne fais jamais attention à ce que tu dis.» Il est contre-indiqué de généraliser un fait et de le projeter sur l'employé. Il ne sert à rien de généraliser à outrance ou d'écraser celui vers qui est dirigé votre feed-back. C'est ainsi que vous direz «Je note trois retards depuis notre dernière rencontre. Y a-t-il quelque chose que je peux faire pour que ça n'arrive plus?», plutôt que : «Tu es toujours en retard!»

Un bon feed-back doit être donné d'une façon empathique. L'entrevue n'a pas pour but de choisir un gagnant et un perdant. Vous êtes du même côté de la table. Vous utiliserez donc «J'ai constaté qu'un moule a été endommagé parce qu'une mèche mal affûtée a été employée. Qu'est-ce qu'on peut faire pour que ça ne se reproduise plus?» plutôt que : «Tu as *scrapé* un moule!»

Un bon feed-back doit être précis. Évitez les énoncés qui sèment la confusion. Ne dites pas : «Certains se sont plaints» ou «On m'a dit que

tu n'as pas l'esprit d'équipe.» N'énoncez que les faits dont vous êtes sûr. Si vous n'êtes pas certain, posez carrément la question.

Un bon feed-back doit être compris par les deux parties. Mettez en pratique ce que nous avons dit au début de ce guide au sujet de la reformulation. Demandez à votre vis-à-vis de résumer vos propos et assurez-vous que les mots utilisés ont le même sens pour vous deux.

Deux mises en garde

- Un bon feed-back ne permet pas de changer les gens. Les gens sont ce qu'ils sont. Vous pouvez peut-être les amener à modifier leur comportement, mais vous n'arriverez pas à les changer foncièrement. Oubliez donc les entrevues visant à transformer un individu.

- Évitez les longues listes de réprimandes. Les gens ont tendance à se refermer et à adopter une attitude passive quand le supérieur n'en finit plus de relever les détails qui lui ont déplu.

Un duo remarquable

Les employés sont plus motivés quand ils savent que ce qu'ils font est apprécié. La rencontre d'appréciation et le feed-back lancé dans le cadre du travail forment un duo remarquable qui saura les aider à augmenter leur rendement. À cet égard, il est bon de leur préciser le moment des prochaines entrevues d'évaluation.

Un bon feed-back, qu'il soit négatif ou positif, doit également être donné au moment propice. N'attendez pas la rencontre d'appréciation pour féliciter un employé pour son bon travail; vous pouvez le faire n'importe quand. Dans le même ordre d'idées, faites-lui remarquer le plus vite possible, en privé, les aspects de son comportement qu'il devrait améliorer.

Pourquoi un entretien d'appréciation?

Les employés aiment entendre qu'ils sont bons et apprécient qu'on le leur dise.

La rencontre annuelle d'appréciation est l'occasion de leur fournir un bilan de leurs bons coups.

Mais pourquoi attendre? Rien ne vous empêche de leur témoigner votre appréciation à n'importe quel moment. Une franche salutation est un investissement qui coûte peu, mais qui rapporte gros.

Bloc d'activités

*Faites une évalua-
tion sommaire des
systèmes que vous
avez mis en place
dans votre entre-
prise.*

*Sont-ils à la hauteur
de vos besoins? De-
vraient-ils être amé-
liorés?*

*Assurez-vous de
répondre à ces quel-
ques questions
avant de passer au
prochain bloc.*

1. Vous arrive-t-il de connaître des problèmes comme ceux décrits à la page 20 dans la section « Quelques exemples »? À quoi ces problèmes sont-ils dus?

_____

_____

_____

2. Vos employés possèdent-ils un manuel des conditions de travail? Expliquez.

_____

_____

_____

3. Mentionnez les problèmes que vous avez déjà connus parce que vos employés ignoraient les conditions d'indemnisation d'un jour férié ou celle d'un congé spécial.

_____

_____

_____

4. Rappelez-vous la dernière augmentation de salaire que vous avez accordée. Respectait-elle une politique salariale établie ou était-elle le fruit d'une demande individuelle?

_____

_____

_____

5. Si vous avez évoqué une «demande indivi-duelle» à la question précédente, expliquez si votre réponse a suscité des insatisfactions au sein des autres employés.

_____

_____

_____

6. Avez-vous élaboré une politique discipli-naire? Expliquez.

_____

_____

7. Avez-vous, à ce jour, mené une entrevue disciplinaire ou effectué une mise à pied? Comment cela s'est-il passé?

_____

_____

_____

8. Avez-vous l'habitude de tenir des rencontres d'appréciation à intervalles réguliers? Ces rencontres ont-elles lieu même si vous n'avez que des félicitations à faire à un employé donné? Racontez.

_____

_____

_____

_____

_____

Le plan annuel de l'effectif

Comment achetez-vous?

Réfléchissez un instant à vos habitudes d'achat de matières premières. Planifiez-vous les achats en fonction de vos objectifs de vente? Si tel est le cas, il est probable que vous êtes en mesure d'acheter au meilleur prix et que vous profitez de délais de livraison assurés et d'une qualité de matières premières à la hauteur de vos attentes.

D'autres ne planifient rien. Ils commandent à la hâte quand ils se rendent compte qu'un produit est manquant. Pressés par le temps et les délais de livraison, ils doivent acheter à toute vitesse (et à fort prix) des produits qui, parce que les autres n'étaient pas disponibles, sont de qualité inférieure à celle mentionnée dans les devis.

Lequel de ces deux types d'acheteurs présentera les meilleurs états financiers en fin d'année? Nous vous laissons le soin de deviner.

Les ressources humaines

Il en va de même avec le personnel. Revenons un instant à Nathalie Lapointe, notre héroïne de la page 5.

Un vendeur qu'elle appréciait vient de quitter l'entreprise, sans qu'elle se demande pourquoi. Elle doit maintenant lui trouver un remplaçant, mais comment? Pas de problème : un candidat spontané vient de se présenter et Dieu sait qu'il arrive au bon moment!

Parions que le vendeur qui vient de partir avait été embauché de la même manière, sans que son cv ne soit examiné et sans qu'on lui dresse la liste des tâches dont il devrait s'acquitter.

Le plan annuel

Ce quatrième thème traitera du processus de recrutement. Vous serez à même d'évaluer vos méthodes actuelles et de comprendre pourquoi nous vous avons présenté l'histoire de Nathalie au début de ce guide.

Parce qu'il vous libère du fardeau de l'embauche à toute vitesse et des afflux de candidatures spontanées, le plan annuel de l'effectif est le premier jalon d'un système de recrutement efficace. Vous pouvez le créer en suivant ces quatre étapes.

- Commencez par inscrire, dans la première colonne d'un tableau, les titres des postes qui existent dans votre entreprise. Vous avez déjà fait cet exercice à la page 22.

- Inscrivez, dans la deuxième colonne, le nombre d'employés occupant chacun de ces postes dans votre entreprise.

- Inscrivez, dans la troisième colonne, le nombre de postes prévus d'ici un an. Utilisez tous les documents mis à votre disposition : prévision des ventes, taux de croissance des principaux clients, prévision de départs, périodes d'absence imprévues, prévisions économiques de votre secteur d'activité, etc.

- Inscrivez finalement, dans la dernière colonne, les dates prévues pour l'embauche de ces nouveaux employés.

Voilà! Votre plan annuel des effectifs est terminé. Maintenez-le à jour. Il vous reste à vous assurer que vous trouverez les bons employés pour les combler. Ce sera le sujet de notre prochain thème.

Où allez-vous?

Nous entreprenons ici notre dernier bloc d'information consacré au recrutement, à l'intégration et à la formation du personnel.

Le point de départ de ce processus réside dans votre planification stratégique.

Quels objectifs voulez-vous que votre entreprise ait atteints l'an prochain? Dans trois ans? Dans cinq ans?

Si vous n'en avez aucune idée, vous vous condamnez à embaucher n'importe qui, à la hâte, au fur et à mesure que les besoins se présenteront.

Poste	Nombre actuel d'employés	Nombre prévu dans un an	Période d'embauche
Livreur	8	12	Mars (2) et août (2)
Caissier	2	3	Février
Expéditeur	1	1	—
Acheteur	1	1	—

Le procédé de recrutement

Entretien ou interrogatoire?

Rappelez-vous que l'entrevue d'embauche ne sert pas seulement à déterminer si le candidat fait votre affaire.

C'est également pendant cette entrevue que le candidat doit décider s'il veut de votre entreprise et s'il sera heureux de travailler avec vous.

Évitez donc la formule «monologue» et efforcez-vous de donner du temps au candidat pour qu'il vous interroge sur les sujets qui le préoccupent.

Vous en sortirez tous les deux gagnants.

Nous vous proposons ici un procédé de recrutement en cinq étapes qui devrait vous aider à embaucher des collaborateurs de valeur.

1. Le plan annuel de l'effectif
Nous ne reviendrons pas sur cet élément puisque nous en avons traité à la page précédente. Contentons-nous de rappeler que, sans plan annuel de l'effectif, le dirigeant se condamne à embaucher n'importe comment.

2. L'établissement du profil de l'emploi
Il faut ensuite établir les principales caractéristiques de chaque poste, leurs exigences essentielles et résumer le tout. Ces exigences regroupent tout autant les compétences que toutes les autres attentes que l'on peut avoir à l'égard des candidats.

3. La sélection des sources potentielles
Selon la nature et l'importance stratégique du poste à combler, le bassin de candidatures n'est pas le même : les employés actuels, les candidats recommandés, ceux qui viennent d'agences privées, d'agences publiques, à la suite d'une annonce dans les journaux, avec le concours de chasseurs de tête; il y a aussi les anciens employés et les candidatures spontanées.

L'hebdomadaire régional constitue un bon endroit pour diffuser votre annonce mais le choix du média vous revient. Chose certaine, quel que soit le média choisi, vous vous retrouverez rapidement devant une montagne de curriculum vitæ.

4. L'étude des cv
Ces cv, il faudra ensuite les étudier. Sur une feuille de papier, énumérez à gauche les exigences essentielles, puis dessinez à droite trois colonnes intitulées «oui», «non» et «peut-être». Photocopiez ce formulaire autant de fois que vous avez de cv et parcourez-les en pointant la colonne pertinente en regard de chaque exigence. Rangez les cv lus en trois piles («oui», «non» et «peut-être») et sélectionnez, dans la pile des oui, ceux qui vous semblent les meilleurs.

5. Les entrevues d'embauche
L'entrevue permet à la fois de confirmer ce qui est avancé dans les cv et d'assurer au candidat

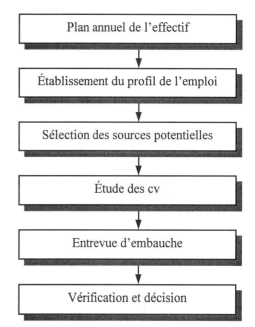

| Plan annuel de l'effectif |
| Établissement du profil de l'emploi |
| Sélection des sources potentielles |
| Étude des cv |
| Entrevue d'embauche |
| Vérification et décision |

qu'il souhaite bel et bien travailler pour l'entreprise. Elle devrait donc constituer davantage une conversation qu'un interrogatoire et devrait se tenir dans une ambiance amicale.

6. Vérification et décision
Il vous reste finalement, avant de prendre votre décision finale, à vérifier les références que vous a données le candidat et à vous assurer que vous n'avez pas été victime de fausse représentation. Une fois votre décision prise, appelez le candidat pour vous assurer qu'il est toujours intéressé. Ne le tenez pas pour acquis; il a, lui aussi, réfléchi après l'entrevue d'embauche. Adressez ensuite vos remerciements aux autres candidats.

Vous procédez autrement?
Nous ne prétendons pas que ces cinq étapes constituent la seule ou la meilleure façon de recruter. Bien des entrepreneurs, dans les premières années d'existence de leur entreprise, utilisent avec succès d'autres méthodes de recrutement.

Ces dirigeants ne s'assurent pas à l'avance des compétences du candidat retenu et se limitent à des sources de recrutement passives (téléphone, contact, cv déposé au cours des mois précédents, etc.). Ils préfèrent lui accorder une période d'essai qui permettra de confirmer si leur choix est bon. Ce procédé vaut pour les premiers temps de l'entreprise.

L'accueil

Les entreprises sont toutes différentes. Ce n'est pas parce qu'elles évoluent dans un même domaine ou parce qu'elles appartiennent à un même dirigeant que les postes occupés et le climat de travail y seront semblables. C'est pourquoi votre nouvel employé n'offrira pas nécessairement un rendement optimal dès son premier jour de travail. Deux séries de facteurs l'en empêchent :

- *La culture de l'entreprise.* L'employé ne sait pas ce qui est accepté dans votre entreprise et ce qui ne l'est pas. Il ignore les conventions non écrites des interactions personnelles et il ne sait pas ce qui est bien ou mal vu dans l'organisation. Tant qu'il ne le saura pas, il est condamné à marcher sur des œufs et à ne rien faire sans être sûr que c'est la chose à faire; ou il risque de perdre la face et de susciter la rigolade pour des années parce qu'il a fait quelque chose qui ne devait pas être fait.

- *L'organisation du travail.* Le travail est différent d'une entreprise à l'autre même si les emplois portent le même nom. Par exemple, dans certaines entreprises, les ouvriers doivent entretenir eux-mêmes les machines alors qu'ailleurs des équipes sont chargées de le faire. Tant qu'il ne le saura pas, l'employé s'expose à ne pas faire ce qu'on attend de lui ou à se faire taper sur les doigts s'il va trop loin.

Aider l'employé à se sentir à l'aise

Dans bien des entreprises, le nouvel employé est laissé à lui-même et c'est petit à petit qu'il finit par atteindre son plein rendement. L'entreprise devra parfois patienter des mois avant de bénéficier de toutes ses compétences et de sa créativité. Quel gaspillage honteux!

Dans d'autres entreprises, on aide l'employé à atteindre rapidement son plein rendement. Par exemple, on utilise l'« accueil » pour l'aider à mieux découvrir la culture de l'entreprise ou encore l'« introduction au travail » pour l'aider à bien comprendre l'organisation du travail comme tel. Traitons d'abord de l'accueil. Nous expliquerons l'introduction au travail à la page suivante.

L'accueil

L'accueil consiste à aider le nouvel employé à connaître son nouvel environnement de travail. Parmi les éléments d'information qui constituent un bon accueil, mentionnons :

- *L'histoire de l'entreprise.* L'intégration se déroule mieux quand tous partagent un même bagage informationnel. À ce sujet, rappelez-vous ce qui a été dit à la page 15 sur l'importance de l'information.

- *Les membres du personnel.* Si vous ne présentez pas le nouvel employé à chaque membre du personnel, il est possible que, six moins plus tard, il n'ait pas parlé à tout le monde. Une bonne connaissance des autres est essentielle à la création d'un bon esprit d'équipe.

- *Les caractéristiques de l'entreprise.* Expliquez à l'employé les valeurs qui animent l'entreprise et la mission que ses dirigeants lui ont donnée. Ces détails l'aideront à ajuster son comportement dans les situations qui requièrent l'autonomie et une décision rapide.

- *Les comportements souhaités.* Existe-t-il un code vestimentaire dans l'entreprise? Y a-t-il une façon particulière de répondre au téléphone? De quoi peut-on parler entre employés et quels comportements est-il préférable d'éviter?

- *Les détails accessoires.* Où se trouvent les toilettes? Les appels personnels sont-ils permis? Comment le système téléphonique ou l'interphone fonctionnent-ils? Faites une liste de tous ces petits détails et assurez-vous de les communiquer au nouvel employé dès le premier jour de travail.

Donnez-vous la peine de bien accueillir les nouvelles recrues. Vous y gagnerez sur deux plans : l'employé atteindra plus rapidement son plein rendement et il sera moins tenté de quitter l'entreprise.

L'exclusion

Il arrive que dès les premières heures, un nouvel employé soit exclus par les autres membres de l'organisation parce qu'il ne respecte pas le code vestimentaire en vigueur ou parce que sa conduite entre en contradiction avec la culture de l'entreprise.

Quand une telle situation survient, le sentiment d'appartenance du nouvel employé diminue et il en va de même de son rendement.

L'établissement d'une bonne stratégie d'accueil permettra d'éviter cette fâcheuse situation.

L'introduction au travail

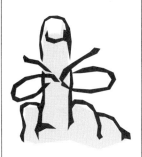

La liste à cocher

Vous devriez utiliser une liste à cocher (un exemple figure au bas de cette page) et la marquer chaque fois qu'une étape a été franchie.

C'est encourageant pour l'employé parce qu'il peut constater sa progression et voir arriver le moment où il sera considéré comme maîtrisant son poste de travail.

À vos crayons! Concevez cette liste qui vous permettra de faire une bonne introduction au travail.

On ne confie pas un poste à une personne sans l'avoir au préalable aidée à se familiariser avec le travail précis qui lui sera assigné; sans non plus s'être assuré qu'elle dispose de tous les outils, de toutes les informations et de toutes les ressources qui lui permettront de bien s'acquitter de sa tâche.

Pour faire une bonne introduction au travail, vous devez avoir décomposé l'emploi en éléments simples et en avoir dressé une liste. Il faut ensuite intégrer ces éléments à une liste de contrôle (voir au bas de la page) qui permettra, éventuellement, de déterminer le degré de maîtrise de chaque élément.

Cette liste donne, à l'horizontale, les éléments à apprendre et, à la verticale, les différentes étapes qui conduisent à une maîtrise des habiletés exigées par l'employeur.

L'introduction au travail s'effectue en trois étapes :

- Remettez à l'employé une copie de la liste de contrôle. Commencez par effectuer une démonstration du travail, puis invitez-le à procéder à un premier essai. Cochez les cases appropriées.

- On procède ainsi pour chaque élément. Il n'est pas nécessaire de faire progresser chaque élément au même rythme. On coche au fur et à mesure des réalisations; on refait la démonstration ou on précise, au besoin.

- Les essais se poursuivent jusqu'à ce que l'accompagnateur coche la colonne *Travail confirmée*.

L'introduction au travail ne permet pas seulement de confirmer que le nouvel employé peut exercer son nouveau travail de façon satisfaisante. Elle permet aussi le développement d'un des premiers liens affectifs entre l'appréciateur et l'employé, ce qui a pour effet de favoriser le sentiment d'appartenance. De plus, cette démarche empêche le nouvel employé qui a commis une bévue importante d'être le sujet de railleries.

Poste: AJUSTEUR	Démonstration	Premier essai	Prend note des conseils	Deuxième essai	Nouvelle démonstration	Demande conseil	Résout la difficulté	Réalise une première pièce	Réalise une deuxième pièce	Est mieux organisé	Réalise une pièce en un coup	Travail acceptable et normal	Habileté confirmée
1. Prépare le travail													
2. Obtient les plans du service technique													
3. Choisit, aiguise et obtient un bon découpage des outils													
4. Ajuste les outils													
5. Utilise efficacement les outils et mesures													
6. Obtient le fini désiré et respecte la tolérance													
7. ...													

La formation

Nous n'insisterons jamais assez sur l'importance d'avoir des employés bien formés, qui sont sûrs de bien faire leur travail et qui inspirent confiance aux clients.

C'est pourquoi nous allons terminer ce quatrième bloc en vous proposant quelques pistes de réflexion sur le thème de la formation.

Le présent et l'avenir

Nous pouvons tout d'abord, en tenant compte de l'horizon temporel, définir deux types de formations :

- *Celles qui répondent aux besoins ponctuels.* L'employé que vous venez d'embaucher n'a peut-être pas toutes les qualifications requises. L'acquisition récente d'une nouvelle machine peut également créer un besoin de formation. Ce genre de formation vous aide à répondre aux besoins immédiats de l'entreprise.

- *Celles qui répondent aux besoins futurs.* Votre entreprise est en croissance et ses besoins augmentent en même temps. Il serait peut-être temps, par exemple, si vous prévoyez l'ouverture d'une nouvelle succursale d'ici deux ans, de contribuer à la formation d'un gérant qui pourra, le moment venu, vous aider à relever ce défi.

Les méthodes de formation

Il n'y a pas une seule bonne façon de former le personnel. Selon vos besoins, votre budget et le temps dont vous disposez, vous pouvez utiliser l'une ou l'autre des méthodes suivantes :

- *La formation offerte par des pairs.* Pourquoi ne pas encourager vos propres employés à former leurs collègues? Par exemple, à fréquence régulière, dans certains commerces de détail, les meilleurs vendeurs communiquent leurs trucs aux autres vendeurs.

- *Les maisons d'enseignement.* Cégeps et universités offrent des cours qui permettent l'acquisition de nouvelles connaissances.

- *Les sessions ou ateliers.* Ce sont des formations de courte durée qui permettent

d'acquérir l'essentiel d'un champ précis de connaissances.

- *Le centre de documentation.* Vous pouvez également mettre sur pied un petit centre de documentation et inviter les employés qui le souhaitent à y emprunter des volumes qu'ils rapporteront une fois leur lecture terminée.

Ce qui importe, c'est de vous assurer que vos employés sont à la hauteur des attentes actuelles et qu'ils seront en mesure de relever les défis à venir. Rappelez-vous notre troisième principe : « Les gens sont plus heureux dans les secteurs où ils excellent. » Les employés auront ainsi un plus grand sentiment d'appartenance envers l'entreprise et leur rendement au travail augmentera.

N'est-ce pas là ce que vous souhaitez?

Quelques conseils supplémentaires

- *Présentez les projets de formation en fonction de l'avenir.* Ne mettez pas l'accent sur ce que l'employé ne sait pas pour le moment, mais plutôt sur les défis qu'il pourra vous aider à relever avec des connaissances supplémentaires.

- *Félicitez chacun à la suite de chaque formation.* Donnez-vous la peine de féliciter l'employé qui vient de terminer le cours auquel vous l'aviez inscrit. Faites-en un événement!

- *Ne mettez pas de côté les employés à temps partiel.* Eux aussi sont en contact avec les clients et fournisseurs. Pour qu'ils inspirent confiance à ces acteurs externes, il faut qu'ils agissent en professionnels et qu'ils soient certains de ce qu'ils font.

Formation bien ordonnée commence par soi-même

Qui doit-on former en premier? On peut répondre à cette question en utilisant des arguments financiers : quelle formation assurera le meilleur retour sur l'investissement pour l'entreprise? Il est probable ce soit votre formation à vous!

En effet, l'entreprise repose en grande partie sur vos épaules et une amélioration de vos compétences de gestionnaire aura un effet multiplicateur sur le rendement de votre entreprise.

La première personne à intégrer à votre plan de formation, c'est vous!

Bloc d'activités

Nous terminons ce dernier bloc d'information en vous proposant un petit jeu dont nous ne vous donnons pas les réponses.

Que faire alors pour savoir si vous avez bien répondu?

Demandez à d'autres personnes de faire le même exercice et comparez vos réponses en expliquant pourquoi vous avez donné telle ou telle réponse.

1. Les questions

L'entrevue d'embauche a plusieurs objectifs, tant pour l'employeur que pour le candidat. Voici d'ailleurs une série d'objectifs qui peuvent être poursuivis :

a) Mettre le candidat à l'aise.
b) Vérifier le contenu du cv.
c) S'assurer que l'employé s'intégrera facilement au groupe.
d) S'assurer que l'emploi intéresse vraiment le candidat.
e) S'assurer des compétences de l'employé.
f) S'assurer que les conditions de travail font l'affaire du candidat.
g) S'assurer que le nouvel employé est disposé à apprendre.

Voici une série de questions ou de remarques pouvant être utilisées (tant par l'employeur que par le candidat) au moment de l'entrevue d'embauche. Déterminez, pour chacune d'elles, l'objectif que recherchait la personne qui l'a prononcée. Choisissez une lettre de (a) à (g) dans la liste ci-dessus.

1. Les routes n'étaient pas trop encombrées? Vous n'avez pas eu de difficulté à trouver nos bureaux? _____

2. Quel défi avez-vous relevé dans le passé avec le plus de succès? _____

3. Offrez-vous une assurance-groupe? _____

4. Pourquoi avez-vous quitté votre dernier emploi? _____

5. Quels sont les objectifs à moyen terme de l'entreprise? _____

6. Nous exigeons que tous les employés portent veston et cravate. Qu'en pensez-vous? _____

7. Vous mentionnez que vous programmez en Visual Basic. Quelles fonctions de ce langage maîtrisez-vous? _____

8. Prendriez-vous un café? _____

9. Votre cv mentionne que vous avez occupé cinq emplois en trois ans. Pourquoi? _____

10. Que savez-vous de notre entreprise? _____

11. Pouvez-vous me donner le nom de trois clients satisfaits de vos services là où vous travailliez avant? _____

12. La nature de nos activités nous oblige fréquemment à travailler en soirée et en fin de semaine. Qu'en pensez-vous? _____

13. La description du poste que vous avez publiée est-elle complète ou y a-t-il d'autres tâches qu'il faudra exécuter? _____

14. Nous nous attendons à ce que nos employés suivent au moins 45 heures de formation par année en dehors des heures de travail. Cela vous semble-t-il exagéré? _____

15. Pourrais-je rencontrer la personne qui sera mon superviseur direct? _____

16. Parlez-moi de votre ancien patron. Quel genre de personne était-ce? _____

17. Vous habitez un peu loin. Avez-vous songé à déménager? _____

18. Travaillez-vous mieux seul ou en équipe? _____

19. Aimeriez-vous visiter l'entreprise? _____

20. Qu'est-ce que vous préférez dans votre travail actuel? Qu'est-ce que vous aimez le moins? _____

2. Et vous?

Parmi les questions que vous venez de lire, en avez-vous déjà utilisées en entrevue? Lesquelles et avec quel succès?

_____

_____

Suggestions d'activités

La plus grande qualité et le plus grand défaut

Cette activité vise à faire comprendre que tous les individus sont uniques et que chacun peut être à la source de grands avantages concurrentiels. Elle est plus facile à réaliser avec des groupes de moins de 10 personnes.

1. Faites inscrire une activité intitulée (nom symbolique) à l'ordre du jour de votre prochaine rencontre.

2. L'activité se déroule en quatre étapes. Dans un premier tour de table, le groupe doit se mettre d'accord pour déterminer quelle est la plus grande qualité de chaque participant à la rencontre. Par exemple, le groupe pourrait décider que votre plus grande qualité est la créativité.

3. Au deuxième tour, le groupe doit déterminer quel est le plus grand défaut de chacun des participants. Par exemple, le groupe pourrait décider que vous êtes bougon au travail.

4. Au troisième tour, le groupe est invité à créer un nom et un adjectif pour présenter chaque participant. On pourrait par exemple vous donner le nom de «Bougon créatif».

5. Finalement, un dernier tour permet à chacun d'expliquer ce qu'il ressent devant le nom que le groupe lui a trouvé.

Une telle activité, en plus d'ajouter du piquant à la rencontre, vous permettra de déterminer quelles sont les forces de chaque membre de votre équipe.

Quelques idées de simulation

Cet exercice vous permet d'évaluer vos habiletés de communication. Dans un premier temps, faites lire ce guide par les participants à l'exercice.

Ensuite, à tour de rôle, deux participants sont invités à jouer une des scènes décrites ci-dessous et les spectateurs doivent y aller de leurs réflexions sur les habiletés de communication de chaque joueur.

Évaluez les participants sur l'écoute active, la reformulation, le questionnement et le feedback.

Scènes à jouer :

- Un patron doit dire à un employé que ses retards sont trop fréquents et qu'il devra être plus ponctuel à l'avenir.

- Un client mécontent se présente et un employé est invité à le calmer.

- Un patron doit faire comprendre à un employé que ce dernier a besoin de formation. L'employé, lui, se croit tout à fait compétent et il tente d'en convaincre son patron.

- Un employé doit dire à un collègue que son langage et ses remarques acerbes nuisent au moral de toute l'équipe.

- Un employé doit appeler un client pour lui dire que sa commande sera expédiée avec un mois de retard.

Ne vous limitez pas à ces suggestions. Trouvez des simulations qui s'appliquent directement à votre entreprise.

Lecture de ce guide de gestion

Ce guide de gestion ne devrait pas être rangé dans votre bibliothèque une fois la lecture terminée. Le savoir et les habiletés présentés dans ce guide doivent être partagés par tous les membres de votre entreprise si vous voulez en tirer le maximum.

Laissez-le traîner dans la salle des employés. Chacun y puisera ce dont il a besoin pour devenir plus efficace et, rapidement, votre entreprise s'en trouvera renforcée.

Vous sentez que les membres de votre entreprise auraient avantage à se questionner sur les pratiques de votre entreprise en matière de gestion du personnel?

Voici quelques activités qui vous aideront à lancer le débat.

Notes pour un entretien d'appréciation

Voici un exemple de tableau qui pourrait vous aider à préparer les rencontres d'appréciation.

Employés et patrons devraient recevoir une copie de ce tableau et remplir la partie qui les concerne. Il peut être intéressant de remettre le formulaire à l'avance, pour que les gens aient le temps de réfléchir à leur évaluation.

Au bout de l'entretien, les deux parties déterminent les points susceptibles d'amélioration et inscrivent au bas du tableau les points sur lesquels elles se sont mises d'accord.

Nom de l'employé :

Titre du poste :

Date de la rencontre :

Contexte de travail (l'employé prépare la rencontre en remplissant cette partie)

	En deçà des attentes	Conforme aux attentes	Au-delà des attentes
Je comprends bien mes tâches (l'introduction au travail m'a permis de me familiariser complètement; on a pris le temps de m'expliquer ce que je comprenais moins bien ainsi que les nouveautés) et mon environnement de travail.			
Je crois être payé équitablement.			
Les conditions physiques de travail sont adéquates (éclairage, température, installations, etc.).			
Je me sens bien traité (je me sens appuyé, on m'encourage et on reconnaît les difficultés auxquelles je fais face).			
Les autres conditions de travail me semblent adéquates.			

Appréciation (le patron prépare la rencontre en remplissant cette partie)

La qualité du travail.			
La quantité de travail.			
Les relations avec les collègues.			
Les relations avec les clients.			

Points d'entente

Ce que l'entreprise peut faire pour permettre à l'employé d'améliorer son travail.

Ce que l'employé peut faire pour améliorer son travail.

Glossaire

Appréciation
Activité de GRH où l'employeur présente à l'employé la perception de son rendement et pendant laquelle employeur et employé s'efforcent de trouver des moyens d'améliorer ce rendement.

Candidature spontanée
Situation où une personne se présente chez l'employeur à l'improviste pour offrir sa candidature sans que l'on soit à ce moment dans une période de recrutement. Dans la mise en situation de la page 5, Nathalie Lapointe fait face à une candidature spontanée.

Charte des droits et libertés de la personne
Loi qui interdit la discrimination dans l'emploi par rapport au sexe, à l'origine ethnique ou nationale, à l'état civil, à la religion, aux convictions politiques, à la langue et à la condition sociale.

Description d'emploi
Profil des tâches et responsabilités reliées à un poste donné.

Effet de levier
Effet multiplicateur qu'a sur les objectifs d'un entrepreneur l'embauche d'un employé. Cet effet sera positif ou négatif, selon la qualité du rendement de l'employé et le niveau de son sentiment d'appartenance.

Employé
Individu unique, capable de fournir un effet de levier à son employeur et de garantir un avantage concurrentiel à l'entreprise qui l'a embauché.

Gestion symbolique
Message transmis sans ouvrir la bouche, sans écrire un seul mot, mais tout de même compris par les employés parce que ceux-ci observent les gestes et comportements du patron.

GRH
Abréviation de gestion des ressources humaines. Ensemble des attitudes et des activités qui permettent à un employeur d'utiliser le caractère unique de chaque employé pour multiplier les capacités de l'entreprise et augmenter sa position concurrentielle dans un marché donné.

Implication
Force intérieure qui incite un employé à se dépasser pour l'entreprise et qui l'amène à épouser les valeurs et les objectifs de l'organisation.

Recrutement
Ensemble des méthodes qui permettent d'amener des gens à poser leur candidature pour un emploi.

Reformulation
Technique de communication qui permet de s'assurer que le message émis par quelqu'un a été bien compris par l'interlocuteur.

Rendement
Apport personnel d'un employé. Le rendement est le résultat du degré de compétence multiplié par son degré d'engagement. Il est également fonction de l'environnement.

Spécification d'emploi
Liste des exigences reliées à l'exercice d'une fonction.

Théorie X
Théorie selon laquelle les employés seraient des paresseux qui fuient les responsabilités et qui ne trouvent aucun plaisir au travail. Cette théorie se manifeste par la présence de mécanismes de surveillance et de contrôle.

Théorie Y
Théorie selon laquelle les employés seraient motivés par les défis et chercheraient à être plus productifs en gagnant de nouvelles responsabilités et en utilisant leur créativité en vue d'augmenter leur rendement. Elle se manifeste par l'établissement de mécanismes de collaboration.

Vous voici au terme de votre lecture. Nous espérons que vous l'avez appréciée.

Mais ne vous arrêtez pas là! Mettez dès aujourd'hui en pratique les enseignements fournis dans ce guide et ajoutez immédiatement à votre agenda une nouvelle lecture dans environ un mois.

Vous pourrez alors faire le point sur les concepts que vous avez intégrés et sur les notions qu'il vous reste à assimiler.

Bon travail!

Suggestions de lecture

De nombreux ouvrages ont été écrits sur la gestion des ressources humaines. Nous vous recommandons les suivants :

⇒ Dolan, Shimon L. et Gérard Lamoureux, *Introduction à la psychologie du travail*, Gaëtan Morin, 1990, 489 pages.

⇒ Dolan, Schuler, Chrétien, *Gestion des ressources humaines*, Éditions du Trécarré, 1988, 453 pages.

⇒ Kinlaw, Dennis C., *Adieu patron! Bonjour coach! Promouvoir l'engagement et améliorer la performance*, Éditions Transcontinental, 1997, 200 pages.

⇒ Samson, Alain, *Communiquez! Négociez! Vendez! Votre succès en dépend*, Éditions Transcontinental et Fondation de l'Entrepreneurship, Montréal, Charlesbourg, 1996, 268 pages.

⇒ Samson, Alain, *Famille en affaires : pour en finir avec les chicanes*, Éditions Transcontinental et Fondation de l'Entrepreneurship, Montréal, Charlesbourg, 1994, 186 pages.

Cette collection de guides de gestion est présentée sous forme de sommaires :
- dans Internet : www.micst.gouv.qc.ca/guide-gestion/index.html
- dans FAX-MICST (1-800-565-6428). Demandez le document n° 9741.

Vous en apprendrez davantage sur ce qu'il faut faire pour mieux gérer ses ressources humaines en consultant Adieu patron! Bonjour coach!, un volume dont vous retrouvez la référence bibliographique dans la liste des lectures suggérées.

Les bonnes adresses

⇒ Le ministère de l'Industrie, du Commerce, de la Science et de la Technologie offre des sessions de formation sur la gestion des ressources humaines. N'hésitez pas à communiquer avec nous.

⇒ Si vous avez accès à Internet, visitez notre site : www.micst.gouv.qc.ca. Vous y trouverez une foule de renseignements utiles.

⇒ Communiquez également avec votre bureau régional de Communication Québec pour obtenir de l'information sur les normes du travail au Québec ou, par Internet : www.cnt.gouv.qc.ca

Les guides de gestion en un coup d'œil

Ces guides de gestion s'adressent-ils à vous?

	Services		Manufacturier	Détaillant
	Entreprises	Personnes		
1. La gestion du temps	oui	oui	oui	oui
2. L'art de négocier	oui	oui	oui	oui
3. La comptabilité de gestion	oui	oui	oui	oui
4. La gestion financière	oui	oui	oui	oui
5. La gestion des ressources humaines	oui	oui	oui	oui
6. Le marketing	oui	non	oui	non
7. La vente et sa gestion	oui	non	oui	non
8. La gestion de la force de vente	non	oui	non	oui
9. Le marchandisage	non	non	oui*	oui
10. La publicité et la promotion	non	oui	non	oui
11. L'exportation	oui	non	oui	non
12. La gestion des opérations	oui**	non	oui	non
13. La gestion des stocks	non	non	non	oui
14. Les mesures légales et la réglementation	oui	oui	oui	oui
15. La sécurité	non	non	non	oui
16. La qualité des services à la clientèle	oui	oui	oui	oui
17. Les réseaux d'entreprises	oui	oui	oui	oui

    S'applique aux produits de consommation.

*   S'applique aux entreprises qui opèrent dans des secteurs comme l'usinage et la remise à neuf des composantes, de moteurs et autres engins.

Collection Entreprendre

Comment trouver son idée d'entreprise (3ᵉ édition)
Sylvie Laferté
24,95 $ • 220 pages, 1998

Faites le bilan social de votre entreprise
Philippe Béland et Jérôme Piché
21,95 $ • 136 pages, 1998

Comment bâtir un réseau de contacts solide
Lise Cardinal
18,95 $ • 140 pages, 1998

Correspondance d'affaires anglaise
B. Van Coillie-Tremblay, M. Bartlett et D. Forgues-Michaud
27,95 $ • 400 pages, 1998

Profession : patron
Pierre-Marc Meunier
21,95 $ • 152 pages, 1998

S'associer pour le meilleur et pour le pire
Anne Geneviève Girard
21,95 $ • 136 pages, 1998

Comment gagner la course à l'exportation
Georges Vigny
27,95 $ • 200 pages, 1997

La révolution du Savoir dans l'entreprise
Fernand Landry
24,95 $ • 168 pages, 1997

Comment faire un plan de marketing stratégique
Pierre Filiatrault
24,95 $ • 200 pages, 1997

Devenez entrepreneur 2.0 (version sur cédérom)
Plan d'affaires
Alain Samson, en collaboration avec Paul Dell'Aniello
69,95 $ • 1997

Devenez entrepreneur 2.0 (version sur disquettes)
Plan d'affaires
Alain Samson
39,95 $ • 4 disquettes, 1997

Profession : travailleur autonome
Sylvie Laferté et Gilles Saint-Pierre
24,95 $ • 272 pages, 1997

Réaliser son projet d'entreprise
Louis Jacques Filion et ses collaborateurs
27,95 $ • 268 pages, 1997

Des marchés à conquérir
Guatemala, Salvador, Costa Rica et Panama
Pierre-R. Turcotte
44,95 $ • 360 pages, 1997

La gestion participative
Mobilisez vos employés !
Gérard Perron
24,95 $ • 212 pages, 1997

Comment rédiger son plan d'affaires
À l'aide d'un exemple de projet d'entreprise
André Belley, Louis Dussault, Sylvie Laferté
24,95 $ • 276 pages, 1996

J'ouvre mon commerce de détail
24 activités destinées à mettre toutes les chances de votre côté
Alain Samson
29,95 $ • 240 pages, 1996

Communiquez ! Négociez ! Vendez !
Votre succès en dépend
Alain Samson
24,95 $ • 276 pages, 1996

La PME dans tous ses états
Gérer les crises de l'entreprise
Monique Dubuc et Pierre Levasseur
21,95 $ • 156 pages, 1996

La gestion par consentement
Une nouvelle façon de partager le pouvoir
Gilles Charest
21,95 $ • 176 pages, 1996

La formation en entreprise
Un gage de performance
André Chamberland
21,95 $ • 152 pages, 1995

Profession : vendeur
Vendez plus... et mieux !
Jacques Lalande
19,95 $ • 140 pages, 1995

Virage local
Des initiatives pour relever le défi de l'emploi
Anne Fortin et Paul Prévost
24,95 $ • 275 pages, 1995

Des occasions d'affaires
101 idées pour entreprendre
Jean-Pierre Bégin et Danielle L'Heureux
19,95 $ • 184 pages, 1995

Comment gérer son fonds de roulement
Pour maximiser sa rentabilité
Régis Fortin
24,95 $ • 186 pages, 1995

Naviguer en affaires
La stratégie qui vous mènera à bon port !
Jacques P.M. Vallerand et Philip L. Grenon
24,95 $ • 208 pages, 1995

Des marchés à conquérir
Chine, Hong Kong, Taiwan et Singapour
Pierre R. Turcotte
29,95 $ • 300 pages, 1995

De l'idée à l'entreprise
La République du thé
Mel Ziegler, Patricia Ziegler et Bill Rosenzweig
29,95 $ • 364 pages, 1995

Entreprendre par le jeu
Un laboratoire pour l'entrepreneur en herbe
Pierre Corbeil
19,95 $ • 160 pages, 1995

Donnez du PEP à vos réunions
Pour une équipe performante
Rémy Gagné et Jean-Louis Langevin
19,95 $ • 128 pages, 1995

Marketing gagnant
Pour petit budget
Marc Chiasson
24,95 $ • 192 pages, 1995

Faites sonner la caisse !!!
Trucs et techniques pour la vente au détail
Alain Samson
24,95 $ • 216 pages, 1995

En affaires à la maison
Le patron, c'est vous !
Yvan Dubuc et Brigitte Van Coillie-Tremblay
26,95 $ • 344 pages, 1994

Le marketing et la PME
L'option gagnante
Serge Carrier
29,95 $ • 346 pages, 1994

Développement économique
Clé de l'autonomie locale
Sous la direction de Marc-Urbain Proulx
29,95 $ • 368 pages, 1994

Votre PME et le droit (2ᵉ édition)
Enr. ou inc., raison sociale, marque de commerce et le nouveau Code Civil
Michel A. Solis
19,95 $ • 136 pages, 1994

Mettre de l'ordre dans l'entreprise familiale
La relation famille et entreprise
Yvon G. Perreault
19,95 $ • 128 pages, 1994

Pour des PME de classe mondiale
Recours à de nouvelles technologies
Sous la direction de Pierre-André Julien
29,95 $ • 256 pages, 1994

Famille en affaires
Pour en finir avec les chicanes
Alain Samson en collaboration avec Paul Dell'Aniello
24,95 $ • 192 pages, 1994

Profession : entrepreneur
Avez-vous le profil de l'emploi ?
Yvon Gasse et Aline D'Amours
19,95 $ • 140 pages, 1993

Entrepreneurship et développement local
Quand la population se prend en main
Paul Prévost
24,95 $ • 200 pages, 1993

L'entreprise familiale (2ᵉ édition)
La relève, ça se prépare !
Yvon G. Perreault
24,95 $ • 292 pages, 1993

Le crédit en entreprise
Pour une gestion efficace et dynamique
Pierre A. Douville
19,95 $ • 140 pages, 1993

La passion du client
Viser l'excellence du service
Yvan Dubuc
24,95 $ • 210 pages, 1993

Entrepreneurship technologique
21 cas de PME à succès
Roger A. Blais et Jean-Marie Toulouse
29,95 $ • 416 pages, 1992

Devenez entrepreneur (2ᵉ édition)
Pour un Québec plus entrepreneurial
Paul-A. Fortin
27,95 $ • 360 pages, 1992

Correspondance d'affaires
Règles d'usage françaises et anglaises et 85 lettres modèles
Brigitte Van Coillie-Tremblay, Micheline Bartlett
et Diane Forgues-Michaud
24,95 $ • 268 pages, 1991

Autodiagnostic
L'outil de vérification de votre gestion
Pierre Levasseur, Corinne Bruley et Jean Picard
16,95 $ • 146 pages, 1991

La réponse aux besoins de votre entreprise

Montréal centre-ville
1, Place Ville-Marie, Mezzanine 1, Montréal. Tél. : (514) 874-2373
1134, rue Sainte-Catherine Ouest, 7ᵉ étage, Montréal. Tél. : (514) 874-5783
360, rue Saint-Jacques Ouest, Montréal. Tél. : (514) 874-3477

Ouest de Montréal
3900, ch. Côte-Vertu, bureau 101, Saint-Laurent. Tél. : (514) 856-8609
610, boul. Saint-Jean, Pointe-Claire. Tél. : (514) 630-8414
7717, boul. Newman, LaSalle. Tél. : (514) 368-0288
351, av. Laurier Ouest, bureau 300, Montréal. Tél. : (514) 495-5919

Est de Montréal
7151, rue Jean-Talon Est, 8ᵉ étage, Anjou. Tél. : (514) 493-5853
8500, boul. Langelier, bureau 200, Saint-Léonard. Tél. : (514) 328-7384
417, boul. Lacombe, Le Gardeur. Tél. : (450) 582-8965

Rive-Nord
3100, boul. Le Carrefour, bureau 220, Laval. Tél. : (450) 686-3371
780, boul. Curé-Labelle, Blainville. Tél. : (450) 433-6485
460, boul. Labelle, bureau 201, Saint-Jérôme. Tél. : (450) 569-5546

Rive-Sud
43, boul. Saint-Charles Ouest, 2ᵉ étage, Longueuil. Tél. : (450) 442-5653
7250, boul. Taschereau, 2ᵉ étage, Brossard. Tél. : (450) 923-5101

Québec
700, Place d'Youville, Québec. Tél. : (418) 692-6974
2450-2, boul. Laurier, Sainte-Foy. Tél. : (418) 654-9849
5415, boul. de la Rive-Sud, Lévis. Tél. : (418) 838-3620

Centre du Québec
1050, boul. Casavant Ouest, bureau 1000, Saint-Hyacinthe. Tél. : (450) 771-3838
135, rue Richelieu, Saint-Jean-sur-Richelieu. Tél. : (450) 358-6008
197, rue Principale, Granby. Tél. : (514) 375-8107
169, rue Victoria, Valleyfield. Tél. : (514) 373-5723

Est du Québec
327A, boul. Lasalle, Baie-Comeau. Tél. : (418) 296-3368
36, boul. René-Lévesque Est, Chandler. Tél. : (418) 689-2227
72, rue Palais-de-Justice, Montmagny. Tél. : (418) 248-1707
1, rue Saint-Germain Est, Rimouski. Tél. : (418) 725-6019
12095, 1ʳᵉ Avenue Est, Saint-Georges-de-Beauce. Tél. : (418) 227-7921
440, rue Brochu, Sept-Îles. Tél. : (418) 962-9582

Ouest du Québec
375, boul. Manseau, Joliette. Tél. : (450) 752-6317
31, rue Iberville, Berthierville. Tél. : (450) 836-3741
1100, boul. Moody, Terrebonne. Tél. : (450) 964-4015

Estrie
2665, rue King Ouest, bureau 201, Sherbrooke. Tél. : (819) 823-4222
77, rue Wellington, Coaticook. Tél. : (819) 849-4399
1125, boul. Saint-Joseph, Drummondville. Tél. : (819) 478-6333
118, rue Notre-Dame Est, Victoriaville. Tél. : (819) 751-6107

Mauricie
303, boul. des Forges, Trois-Rivières. Tél. : (819) 691-8001
500, rue Commerciale, CP 610, La Tuque. Tél. : (819) 676-5063

Outaouais/Abitibi
425, boul. Saint-Joseph, Hull. Tél. : (819) 773-2042
100, rue du Terminus Ouest, Rouyn-Noranda. Tél. : (819) 763-4035
341, rue Principale, Shawville . Tél. : (819) 647-7010
689, 3ᵉ Avenue, Val-d'Or. Tél. : (819) 824-5140

Saguenay–Lac-Saint-Jean
114, rue Racine Est, Chicoutimi. Tél. : (418) 693-4509
510, rue Sacré-Cœur Ouest, Alma. Tél. : (418) 662-8502
502, 3ᵉ Rue, Chibougamau. Tél. : (418) 770-3011
1300, boul. Wallberg, Dolbeau. Tél. : (418) 276-2756
893, boul. Saint-Joseph, Roberval. Tél. : (418) 275-1302
1110, boul. Sacré-Cœur, Saint-Félicien. Tél. : (418) 679-0725